"十四五"高等职业教育专业核心课程新形态教材·汽车类

汽车网络系统检修

主　编　李建兴　张德友
副主编　李海金　李佳民
参　编　王志杰　江　帆

西安交通大学出版社

图书在版编目(CIP)数据

汽车网络系统检修 / 李建兴,张德友主编. — 西安：西安交通大学出版社，2021.2(2024.1重印)
ISBN 978-7-5693-0688-0

Ⅰ.①汽… Ⅱ.①李…②张… Ⅲ.①汽车-计算机网络-维修 Ⅳ.①U472.41

中国版本图书馆CIP数据核字(2020)第205146号

书　　名	汽车网络系统检修
主　　编	李建兴　张德友
责任编辑	李　佳
责任校对	毛　帆
出版发行	西安交通大学出版社 (西安市兴庆南路1号　邮政编码 710048)
网　　址	http://www.xjtupress.com
电　　话	(029)82668357　82667874(市场营销中心) (029)82668315(总编办)
传　　真	(029)82668280
印　　刷	西安日报社印务中心
开　　本	787 mm×1 092 mm　1/16　印张 10　字数 241千字
版次印次	2021年2月第1版　2024年1月第3次印刷
书　　号	ISBN 978-7-5693-0688-0
定　　价	29.80元

如发现印装质量问题，请与本社市场营销中心联系。
订购热线：(029)82665248　(029)82667874
投稿热线：(029)82668818　QQ：19773706
电子信箱：19773706@qq.com

版权所有　侵权必究

前　言

随着汽车工业的飞速发展,目前汽车已经进入智能化、网络化的时代。汽车车载网络技术在现代汽车电子技术中的地位越来越重要,汽车车载网络系统已经成为汽车电子领域的热点,这也就对汽车维修行业从业人员提出了更高的要求。不了解车载网络技术,就不可能对现代汽车进行全面的诊断和检修。

本书围绕汽车车载网络系统的故障检修,系统地介绍了汽车车载网络的相关知识,主要包括:汽车车载网络系统基础、汽车车载 CAN 总线系统检修、汽车车载 LIN 总线系统检修、汽车车载 MOST 总线系统检修、汽车车载 FlexRay 总线系统检修等。每个模块内容包括知识目标、能力目标、知识链接、任务实施、知识测评等部分,将理论教学与实操技能训练密切相连,便于教师的教学和学生的学习。本书内容充实、新颖,实用性强,每一项目还有多媒体资料,读者可扫描各项目中的二维码学习。本书既可作为高职高专院校汽车检测与维修技术、汽车电子技术、汽车运用与维修、汽车装配与制造技术的教学用书,也可供从事汽车维修工作的技术人员参考。

本书由宁波城市职业技术学院李建兴、张德友任主编,黑龙江农业工程职业学院李海金、浙江农业商贸职业技术学院李佳民任副主编,宁波城市职业技术学院王志杰、江帆参编。其中,项目一、项目二由李建兴编写,项目三由李佳民和江帆编写,项目四由张德友编写,项目五由王志杰、李海金编写,全书由李建兴统稿。

在编写本书时,我们参考了大量国内外有关书籍,借鉴了相关车型的维修手册和培训资料,谨在此向各位专家及资料提供者表示由衷的谢意。特别感谢宁波市汽车维修行业协会技术专家们的大力支持。由于编者水平有限,书中难免存在疏漏和不足之处,恳请广大读者批评指正。

编　者

2020 年 10 月

目 录

项目一　汽车车载网络基础 ·· (1)
　1.1　汽车车载网络系统的认知 ·· (1)
　　1.1.1　汽车车载网络系统的应用背景 ·· (1)
　　1.1.2　汽车车载总线系统简介 ·· (2)
　　1.1.3　汽车车载总线系统的功能 ·· (4)
　　1.1.4　汽车车载总线系统的特点 ·· (5)
　　1.1.5　汽车车载总线系统的发展 ·· (5)
　　1.1.6　汽车车载总线系统的基本术语 ··· (6)
　1.2　汽车车载网络系统的组成和分类 ··· (9)
　　1.2.1　链路(传输媒体) ·· (10)
　　1.2.2　拓扑结构 ·· (12)
　　1.2.3　通信协议 ·· (14)
　　1.2.4　网关 ··· (15)
　　1.2.5　汽车车载网络系统的分类 ·· (18)
　1.3　汽车车载网络应用及常见故障 ··· (20)
　　1.3.1　汽车车载网络的故障表现 ·· (21)
　　1.3.2　汽车车载网络的故障类型 ·· (21)
　　1.3.3　汽车车载总线的故障诊断 ·· (22)

项目二　汽车车载 CAN 总线系统的检修 ·· (38)
　2.1　汽车车载 CAN 总线系统的认知 ·· (38)
　　2.1.1　汽车车载 CAN 系统的特点 ·· (38)
　　2.1.2　汽车车载 CAN 总线系统的组成 ··· (40)
　　2.1.3　汽车车载 CAN 总线系统的数据 ··· (44)
　　2.1.4　汽车车载 CAN 总线分类 ··· (48)
　　2.1.5　诊断总线 ·· (49)
　2.2　汽车车载高速 CAN 总线的检修 ·· (52)
　　2.2.1　汽车车载高速 CAN 总线系统的认知 ·· (52)
　　2.2.2　汽车车载高速 CAN 总线的检测 ··· (56)
　　2.2.3　汽车车载高速 CAN 总线常见故障波形 ··· (60)
　2.3　汽车车载低速 CAN 总线的检修 ·· (66)
　　2.3.1　汽车车载低速 CAN 总线系统特点 ··· (66)
　　2.3.2　汽车车载低速 CAN 总线信号 ·· (67)

· 1 ·

2.3.3　汽车车载低速CAN总线的检测 …………………………………………（70）
　2.3.4　汽车车载低速CAN总线常见故障波形 …………………………………（72）

项目三　汽车车载Lin总线系统检修 …………………………………………………（97）
3.1　汽车车载Lin总线的认知 ……………………………………………………………（97）
　3.1.1　汽车车载Lin总线的组成 …………………………………………………（98）
　3.1.2　汽车车载Lin总线的特点 …………………………………………………（99）
3.2　汽车车载Lin总线的工作 …………………………………………………………（100）
　3.2.1　汽车车载Lin总线系统物理结构 …………………………………………（100）
　3.2.2　汽车车载Lin总线系统信息结构 …………………………………………（101）
　3.2.3　汽车车载Lin总线信息要求 ………………………………………………（104）
　3.2.4　汽车车载Lin总线的工作模式 ……………………………………………（105）
3.3　汽车车载Lin总线的检测 …………………………………………………………（106）

项目四　汽车车载FlexRay总线的检修 ……………………………………………（116）
4.1　汽车车载FlexRay总线的认知 ……………………………………………………（116）
　4.1.1　汽车车载FlexRay总线的组成 ……………………………………………（117）
　4.1.2　汽车车载FlexRay总线的特点 ……………………………………………（118）
　4.1.3　汽车车载FlexRay总线的拓扑结构 ………………………………………（119）
4.2　汽车车载FlexRay总线工作 ………………………………………………………（121）
4.3　汽车车载FlexRay总线的检测 ……………………………………………………（123）

项目五　汽车车载MOST总线系统检修 ……………………………………………（132）
5.1　汽车车载MOST总线的认知 ………………………………………………………（132）
　5.1.1　汽车车载MOST总线的组成 ………………………………………………（133）
　5.1.2　汽车车载MOST总线的工作原理 …………………………………………（136）
　5.1.3　汽车车载MOST总线的特点 ………………………………………………（137）
5.2　汽车车载MOST总线的数据信息 …………………………………………………（137）
5.3　汽车车载MOST总线的工作过程 …………………………………………………（139）
　5.3.1　汽车车载MOST总线工作模式 ……………………………………………（139）
　5.3.2　汽车车载MOST总线系统启动(唤醒) ……………………………………（140）
　5.3.3　汽车车载MOST总线同步数据的传送 ……………………………………（141）
　5.3.4　汽车车载MOST总线异步数据形式的传送 ………………………………（143）
5.4　汽车车载MOST总线检测 …………………………………………………………（143）
　5.4.1　汽车车载MOST总线环形网络中断的检测 ………………………………（144）
　5.4.2　汽车车载MOST总线衰减增加时环形结构的检测 ………………………（146）
　5.4.3　MOST总线的维修 …………………………………………………………（147）

参考答案 ………………………………………………………………………………（153）

参考文献 ………………………………………………………………………………（154）

项目一　汽车车载网络基础

知识目标

1. 掌握车载网络系统的组成、功用；
2. 熟悉车载网络系统常用基本术语；
3. 掌握常用数据总线系统的分类。

能力目标

1. 能够正确描述汽车总线系统的基本术语；
2. 能够正确描述汽车总线系统的组成及数据传输方式；
3. 能够对不同种类车载网络技术的特点和适用范畴进行点评；
4. 能够对车载网络技术的发展趋势进行分析。

知识链接

1.1　汽车车载网络系统的认知

1.1.1　汽车车载网络系统的应用背景

自 20 世纪 50 年代汽车技术与电子技术开始结合以来，电子技术在汽车上的应用范围也越来越广。特别是 70 年代后，电子技术在汽车工业上的广泛应用，为汽车各系统提供了速度快捷、功能强大、性能可靠、成本低廉的电子控制零部件或整车控制系统，汽车电控系统又极大地提高了汽车的经济性、安全性和舒适性，汽车电子技术的发展很好地解决了全球范围内汽车尾气排放控制和能源危机问题。然而大量电子控制单元被引入，就要求大批的数据信息能够在不同的子系统中共享，汽车综合控制系统中大量的控制信号也需要实时交换，以提高信号的利用率。这使得电器配线和各种信号配线越来越多，许多汽车的线束重量和线束直径已分别达到甚至超过了 40 kg 和 12 cm，车内电线总长度超过 8 km。由于导线太多，严重地干扰了汽车零部件的设计、布局和制造。另外，这也给汽车的维修带来了许多不便，一旦线束中出了问题，不但查找相当麻烦，而且维修很困难，从而制约了电子控制技术在汽车上的应用。

为走出这个困境，计算机网络设计中的多路复用通信技术被应用到了汽车中，使几个 ECU 中的各种数据得以进行交换，从而促成对汽车性能的精确、高速控制，并减少了配线。20 世纪计算机局域网技术实现实用化，这为汽车网络技术的发展提供了成熟的技术基础。汽车网络技术中的设计目标、网络拓扑结构以及通信协议等都与计算机网络技术有许多相似之处。

同时集成电路技术和功率驱动器件的发展也推动了汽车网络技术的进步,丰富的硬件资源为工程师设计网络系统提供了方便。

据测算,汽车上装有车载网络后电器接线可以减少80%以上,既节省了空间又减少了汽车质量;同时还增加了电器系统的可靠性,方便进行维修保养,在不增加新的传感器和执行器的情况下,使汽车整体性能得到优化,操作协调统一,便于实现自动化和智能化,在汽车整体性能优化控制方面蕴藏着巨大的潜力,是汽车电子技术未来的发展方向。总之,汽车网络技术的应用给我们带来了翻天覆地的变化,使现代汽车的性能更加稳定,使汽车实现了人性化和智能化。随着汽车电子技术的不断发展,车辆上电控系统的数量不断增多,而且功能也越来越复杂。如果仍采用传统的布线方式,即每一个电脑都要与多个传感器、执行器之间通信,将导致汽车上电线的数目急剧增加。电控系统的增多虽然提升了汽车的动力性、经济性和舒适性,但随之增加的复杂电路也降低了汽车的可靠性,增加了维修的难度。

特别是近年来,越来越严格的安全、环保技术法规和用户苛刻的个性化要求,使制造商不得不依赖电子技术不断改进其产品的性能,可以说汽车技术所取得的每一项进步都离不开电子技术在汽车上的应用。早期汽车内部传感器、控制器和执行器之间的通信沿用点对点的连线方式,组成了复杂的网络结构。随着汽车内部电控系统的日益复杂,以及对汽车内部控制单元相互之间通信能力要求的日益提高,围绕减少车内连线,实现数据共享和快速交换,同时提高可靠性等方面,在快速发展的计算机网络基础上,实现了以分布式控制单元为基础结构的汽车电子网络系统。应用车载网络的车辆与没有应用车载网络的车辆的线束对比如图1-1所示。

(a) 应用车载网络的车辆　　　　　　　　(b) 没有应用车载网络的车辆

图1-1　应用车载网络的车辆与没有应用车载网络的车辆线束对比

1.1.2　汽车车载总线系统简介

1. 数据传输总线

所谓数据传输总线,就是指在一条数据线上传递的信号可以被多个系统共享,从而最大限度地提高系统整体效率,充分利用有限的资源。例如,常见的电脑键盘有104个键,可以发出一百多个不同的指令,但键盘与主机之间的数据连接线却只有7根,键盘正是依靠这7根数据连接线上不同的数字电压信号组合(编码信号)来传递按键信息的。如果把这种方式应用在汽车电气系统上,通过不同的编码信号来表示不同的开关动作,信号解码后,再根据指令接通或断开对应的用电设备,就可以大大简化汽车电路。这样,就能将过去一线一用的专线制改为一线多用制,大大减少汽车上电线的数目,缩小线束的直径,同时,加速汽车智能化的发展。

在汽车上，传统的信息传递方式为并行数据传输，每项信息的传输都需独立的数据线完成，即有几个信号就要有几条信号传输线，传递的信号项目越多，就需要越多的信号传输线。各种控制信号都属于平行关系，互相之间并没有关联，每个信号都有专属的信号线，因此，如果需要传输多个信号的话，就需要用多根线进行。例如，宝来轿车发动机电控单元 J220 与自动变速箱电控单元 J217 之间就需要 5 条信号传输线，如图 1-2 所示。

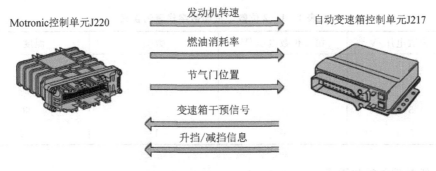

图 1-2　传统信号传递方式

采用数据传输总线后，只需要 1 根或 2 根传输线即可，如图 1-3 所示。在车载网络系统中采用的是基于串行数据的总线体系结构，将各种信号按照内部程序转换为数据后，通过一条线或两条线，将每个字节信号一个一个地进行传输，实现串行通信，在其通信线上传送的是"0""1"数字信号。更好地实现总线结构在各控制系统之间调整通信、交流信息、协调控制、共享资源，完成了对汽车性能的精确控制。图 1-4 是两种不同的数据传输信号，A 电脑读取 4 个开关信号状态，将其转换为"0110"的数据传送给 B 电脑，B 电脑收到后将其解码，即知现在要操作 1、4 开关断开，2、3 开关接通。

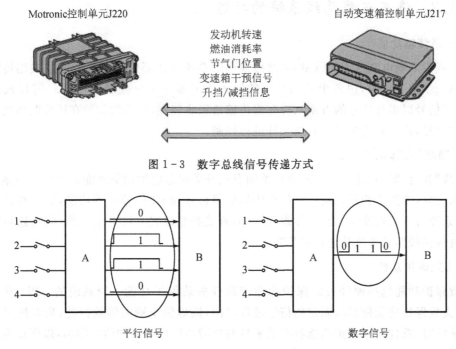

图 1-3　数字总线信号传递方式

图 1-4　两种不同数据传输信号

当数据中的字节有多位时,能表达很多含义,在进行通信时就能通过多位数的不同"0""1"组合变化来传送信息。如表1-1所示,用2位数就可以表达4种意义,若线上电压为0V,则用0表示,若线上电压为1V,则用1表示。例如,表中第一行,第一位和第二位电压都是0V,可以用00表示,00代表一个信息(20℃);表中第二行,第一位电压是0V,第二位电压为5V,可以用01表示,01代表一个信息(40℃)。如此类推,有n位二进制即可以有2^n种数据组合。

表1-1　2位数二进制数字代表的含义

第一位数电压/V	第二位数电压/V	数据	温度/℃
0	0	00	20
0	5	01	40
5	5	10	60
5	0	11	80

2. 总线数据传输的要求

总线系统上并联有多个元件,这就要求整个系统须满足以下要求。

① 可靠性高。传输故障(无论是由内部还是外部引起的)应能准确识别出来。

② 使用方便。如果某一控制单元出现故障,其余系统应尽可能保持原有功能,以便进行信息交换。

③ 数据密度大。所有控制单元在任一瞬时的信息状态均相同,这样就使得两控制单元之间不会有数据偏差。如果系统的某一处有故障,那么总线上所有连接的元件都会收到通知。

④ 数据传输快。连成网络的各元件之间数据交换速率必须很快,这样才能满足实时要求。

1.1.3　汽车车载总线系统的功能

1. 多路传输功能

为了减少车辆电气线束的数量,多路传输通信系统可使部分数字信号通过共用传输线路进行传输。系统工作时,由各个开关发送的输入信号通过中央处理器(CPU)转换成数字信号,该数字信号以串行信号的方式从传感器传输给接收装置,发送的信号在接收装置处将被转换为开关信号,再由开关信号对有关元件进行控制。

2. "唤醒"和"休眠"功能

"唤醒"和"休眠"功能可用于减少在关闭点火开关时蓄电池的额外能量消耗。当系统处于"休眠"状态时,多路传输通信系统将停止诸如信号传输和CPU控制等功能,以节约蓄电池的电能;当系统有人为操作时,处于"休眠"状态的有关控制装置立即开始工作,同时还将"唤醒"信号通过传输线路发送给其他控制装置。

3. 失效保护功能

失效保护功能包括硬件失效保护功能和软件失效保护功能。当系统的CPU发生故障时,硬件失效保护功能使其以固定的信号进行输出,以确保车辆能继续行驶;当系统某控制装置发生故障时,软件失效保护功能将不受来自有故障的控制装置的信号影响,以保证系统能继续工作。

4. 故障自诊断功能

故障自诊断功能包括多路传输通信系统的自诊断模式和各系统输入线路的故障自诊断模式,既能对自身的故障进行诊断,又能对其他系统的故障进行诊断。

1.1.4 汽车车载总线系统的特点

汽车网络信息传输方式是利用数据总线将汽车上的各个功能模块(电控单元等)连接起来,形成汽车信息传输网络系统。发送数据和控制信号的功能模块将数据和控制信号以编码的方式发送到同一根总线上,接收数据或控制信号的功能模块通过解码获得相应的数据和控制命令(或某个开关动作)。总线每次只传输一个信息,多个信息分时逐个(串行)传输。其传输特点如下:

① 由于用一根总线替代了多根导线,减少了导线的数量和线束的体积,简化了整车线束,线路成本和质量都有所下降。

② 由于减少了线路和节点,信号传输的可靠性得以提高,并提高了整车电气线路的工作可靠性。

③ 改善了系统的灵活性,通过系统软件即可实现控制系统功能变化和系统升级。

④ 网络结构将各控制系统紧密连接,达到数据共享的目的。各控制系统的协调性可进一步提高。

⑤ 可为诊断提供通用的接口。利用多功能测试仪对数据进行测试与诊断,方便了维修人员对电子系统的维护和故障检修。

1.1.5 汽车车载总线系统的发展

早在 1968 年,艾塞库斯就提出了利用单线多路传输信号的构想。20 世纪 80 年代末,博世公司和英特尔公司研制了专门用于汽车电气系统的总线——控制器局域网(Controller Area Network,CAN)规范。接着,美国汽车工程师学会(SAE)提出了 J1850 通信协议规范。20 世纪 90 年代,由于集成电路技术和电子器件制造技术的迅速发展,用廉价的单片机作为总线的接口端,采用总线技术布线的价格逐步降低,总线技术布线进入了实用化阶段。

随着汽车电子技术的发展,欧洲提出了控制系统的新协议 TTP(Time Triggered Protocol)。随着汽车信息系统对网络传输信息量要求的不断提高,又先后提出了 D2B 协议和 MOST 协议。2000 年后,车载网络得以进一步细分,低端 Lin 网络产生。目前,多路总线传输技术在国内外已成功地运用到各种品牌汽车上,如奔驰、宝马、大众、奥迪、通用、丰田、本田、日产、马自达、三菱、雪铁龙、保时捷等。表 1-2 中列出了主要车载网络的基本情况。

表 1-2 主要车载网络基本情况

车载网络的名称	概要	通信速度 /(bit·s^{-1})	组织/推广单位
CAN	车身/动力传动系统控制用 LAN 协议	1 M	RobertBosch 公司(开发) ISO
VAN	车身系统控制用 LAN 协议,以法国为中心	1 M	ISO

续表

车载网络的名称	概要	通信速度/(bit·s^{-1})	组织/推广单位
Lin	车身系统控制用 LAN 协议	20 k	Lin 协会
TTP/C	重视安全,按用途分类的控制用 LAN 协议,时分多路复用(TDMA)	2 M 25 M	TIT 公司
TTCAN	重视安全,按用途分类的控制用 LAN 协议,时间同步的 CAN	1 M	RobertBosch 公司 CIA
Byteflight	重视安全,按用途分类的控制用 LAN 协议,通用时分多路复用 FTDMA	10 M	BMW 公司
FlexRay	重视安全,按用途分类的控制用 LAN 协议	5 M	BMW、DaimlerChrysler 公司
D2B	音频系统通信协议,将 D2B 作为音频系统总线,采用光通信	5.6 M	C&C 公司
MOST	信息系统通信协议,以欧洲为中心	22.5 M	MOST 合作组织
IEEE1394	信息系统通信协议,有转换成 IDB1394 的动向	100 M	1394 工业协会

1.1.6 汽车车载总线系统的基本术语

1. 数据总线

数据总线是模块间运行数据的通道,即所谓的信息高速公路,如图 1-5 所示。数据总线能实现在一条数据线上传输的信号被多个模块共享,从而最大限度地提高系统整体效率,充分利用资源。如果模块可以发送和接收数据,则这样的数据总线就称为双向数据总线。

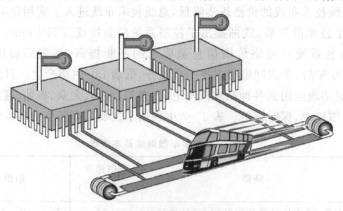

图 1-5 数据总线示意图

汽车上的数据总线实际是一条导线或两条导线或光纤。当采用两条导线时,为抗电子干扰,将它们绞在一起称为双绞线。各汽车制造商一直在设计各自的数据总线,如果相互不兼容,就称为专用数据总线;如果是按照某种国际标准设计的,就是非专用数据总线。

2. 局域网

局域网(Local Area Network,LAN)是在一个有限区域内连接的计算机网络。一般这个区域具有特定的职能,通过网络实现这个系统内的资源共享和信息通信。连接到网络上的节点可以是计算机、基于微处理器的应用系统或控制装置。局域网一般的数据传输速度在 105 Mbit/s~1 Gbit/s 范围内,传输距离在 250 m 范围内,误码率低。汽车上的总线传输系统(车载网络)就是一种局域网。

3. 多路传输

多路传输是指在同一通道或线路上同时传输多条信息,如图 1-6(b)所示。事实上,数据信息是依次传输的,但速度非常之快,相当于同时传输。对一个人来说,1/10 s 算是非常快了,但对一台运算速度即使相对慢的计算机来说,1/10 s 却是很长的时间。如果将 1/10 s 分成若干段,许多单个的数据都能被传输——每一段传输一个数据,这就叫分时多路传输。

从图 1-6 中可以看出,常规线路要比多路传输线路简单很多,然而多路传输系统 ECU 之间所用的导线却比常规线路系统所用的导线少得多。ECU 可以触发灯光等,由于多路传输可以通过一根线(数据总线)执行多个指令,因此可以增加许多功能。

正如可以把无线电广播和移动电话的电波分为不同的频率,我们也可以同时传输不同的数据流。随着现在和未来汽车装备无线多路传输装置的增多,基于频率、幅值或其他方法的同时效数据传输也将成为可能。汽车上常用的是单线或双线分时多路传输系统。

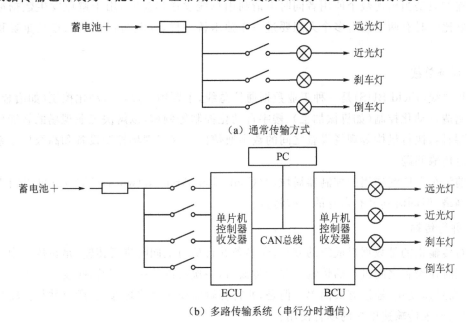

图 1-6 常规线路与多路传输线路的简单对比

4. 模块/节点

汽车车载网络多路传输系统使用的模块是各种电子控制单元或装置的代名词,简单一点的如温度和压力传感器,复杂的如计算机(微处理器)。传感器是一个模块装置,根据温度和压力的不同产生不同的电压信号。这些电压信号在计算机(一种数字装置)的输入接口被转换成数字信号。计算机多路传输系统中的控制单元模块被称为节点。一般来说,普通传感器是不能作为多路传输系统的节点的,如果传感器想要成为一个模块/节点,则该传感器必须具备支持多路传输功能的电控单元,如大众车系的转角传感器。

5. 比特率

比特率是指每秒传送的比特(bit)数,单位为bps,也可表示为b/s,比特率越高,单位时间传送的数据量(位数)越大。计算机中的信息都用二进制的0和1来表示,其中每一个0或1被称作一个位,用小写b表示,即bit(位)。大写B表示byte即字节,1 B=8 b。在表示文件的大小时,一般都使用千字节(KB)作单位。

对于kb/s,首先要了解的是,/s即每秒。kb/s指的是网络速度,也就是每秒传送多少个千位的信息(k表示千位,kb表示的是多少千个位),如果是kB/s,则表示每秒传送多少千字节。

6. 数据帧

为了可靠地传输数据,通常将原始数据分割成一定长度的数据单元,数据单元即称为数据帧。一帧内应包括同步信号(例如帧的开始与终止)、错误控制(各类检错码或纠错码,大多数采用检错重发的控制方式)、流量控制(协调发送方与协调方的速率)、控制信息、数据信息、寻址(在信道共享的情况下,保证每一帧都能正确地到达目的站,收方也能知道信息来自何站)等。

7. 传输仲裁

传输仲裁是当出现数个使用者同时申请利用总线发送信息时,用于避免发生数据冲突的机构。好比同时有两个或者多个人想要过一座独木桥一样,仲裁可保证信息按其重要程度来发送。

8. 现场总线

现场总线(Field BUS)是一种工业数据通信总线,主要用于过程自动化控制(如冶金、啤酒酿造)、制造自动化控制(如机械加工)、楼宇自动化控制等领域,以解决工业现场的智能化仪器仪表、控制器、执行机构等现场设备之间的数字通信以及这些现场控制设备和高级控制系统之间的信息传输问题。

目前汽车上广泛使用的控制器局域网(Controller Area Network,CAN)就可以归为现场总线类网络,但同时其又有自身的一些特点。

9. 并行传输

并行传输指的是数据以成组的方式,在多条并行信道上同时进行传输,是在传输中有多个数据位同时在设备之间进行的传输。并行传输时,一次可以传一个字符,收发双方不存在同步的问题,而且速度快、控制方式简单。但是,并行传输需要多个物理通道,所以并行传输只适合于短距离、要求传输速度快的场合使用。

如图1-7所示,采用并行传输方式时,其数据传输犹如在具有8条车道(车道相当于数据导线)的公路上行车(每辆车的载运量相当于1 bit数据,8辆车的载运量之和相当于1 B),在同一时间内,可以通过8辆车。这种传输方式的通行效率高,但因为要构筑8条车道,建设成本高昂。

在需要较高的传输速度时,通常使用这种传输方式。但是由于插接装置和电缆方面的费用较高,因此只能在传输路径较短时采用并行传输方式。

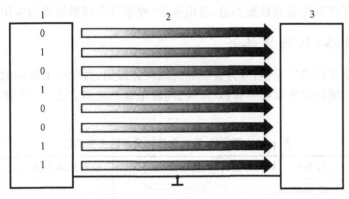

1—发送装置；2—数据；3—接收装置。

图1-7 并行传输

10. 串行传输

串行传输即串行通信，是指使用一条数据线，将数据一位一位地依次传输，每一位数据占据一个固定的时间长度。

由图1-8可以看出，采用串行传输方式时，其数据传输犹如在具有1条车道（车道相当于数据导线）的公路上行车（每辆车的载运量相当于1 bit数据，8辆车的载运量之和相当于1 B），在同一时间内，只能通过1辆车。串行传输的通行效率低，但因为只需构筑1条车道，建设成本低廉。

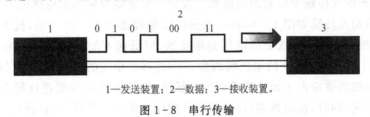

1—发送装置；2—数据；3—接收装置。

图1-8 串行传输

串行传输方式的优点是降低了布线成本，缺点是延长了数据传输时间。一个8位并行接口可在一个单位时间内传输一个数据字节，而一个串行接口至少需要8个单位时间才能传输相同字节的数据。不过，传输距离越长就越能体现出串行传输的优势。

满足下列一个或多个条件时，大多使用串行传输方式：

① 传输距离较长（如在两个或多个距离较远的控制单元之间传输数据）。
② 出于大量节约导线的考虑。
③ 对抗干扰能力（屏蔽导线）要求较高。
④ 系统需要传输的数据量较小。

目前汽车上并行数据传输方式多在控制单元内部线路中使用，而在控制单元外部传输信息则大都以串行传输方式进行。

1.2 汽车车载网络系统的组成和分类

汽车车载网络系统的组成包含：链路（传输媒体）、拓扑结构和通信协议3个部分，它们在很大程度上决定了可以传输的数据类型、通信速度、效率以及网络提供的应用种类。

1.2.1 链路(传输媒体)

链路指网络信息传输的媒体,分为有线和无线两种类型,目前车上使用的大多数都是有线网络。通常用于局域网的传输媒体有:双绞线、同轴电缆和光纤。表1-3列出了这3种传输媒体的特性。

表1-3 双绞线、同轴电缆和光纤的主要特性

媒体	信号类型	最大数据传输速度/(Mbit·s^{-1})	最大传输距离/km	网络节点数/个
双绞线	数字	1~2	0.1	几十
同轴电缆(50 Ω)	数字	10	0.5	几百
同轴电缆(75 Ω)	数字	50	1	几十
光纤	模拟	100	1	几十

1. 双绞线

双绞线是局域网中最普通的传输媒体,一般用于低速传输,最大数据传输率可达几 Mbit/s;双绞线成本较低,传输距离较近,非常适合汽车网络的情况,也是汽车网络使用最多的传输媒体。双绞线由两根具有绝缘保护层的铜导线按一定密度互相绞在一起,这样可降低信号干扰的程度,每一根导线在传输中辐射的电波都会被另一根导线上发出的电波抵消。

双绞线的结构及传输如图1-9所示,数据传输原理如图1-10所示,抗干扰示意图如图1-11所示。双绞线2根数据线上的电压是相反的,以低速 CAN 为例,若一根数据线上的电压约为0 V,则另一根数据线上的电压就约为5 V,这样2根线的总电压值仍保持为一个常值,从而所产生的电磁场效应由于极性相反而相互抵消,使数据传输线通过这种方法得到保护而免受外界辐射干扰,同时,在向外辐射时,双绞线实际上保持中性(即无辐射)。

图1-9 双绞线的结构及传输示意图

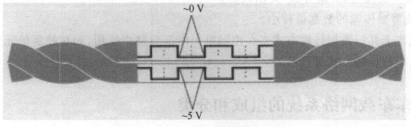

图1-10 双绞线的数据传输原理

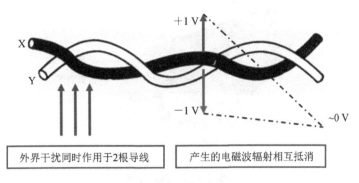

图1-11 双绞线抗干扰示意图

2. 同轴电缆

同轴电缆的基本结构如图1-12所示,像双绞线一样,同轴电缆也由两个导体组成,但其结构不同于双绞线。

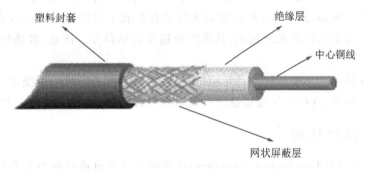

图1-12 同轴电缆

同轴电缆由一个空心的外圆柱面导体包裹着一条内部线形导体组成。外导体可以是整体的或金属编织的,内导体是整体的或多股的。用均匀排列的绝缘环或整体的绝缘材料将内部导体固定在合适的位置,外部导体用绝缘护套覆盖。几个同轴电缆线往往套在一个大的电缆内,有些里面还装有二芯纽绞线或四芯线组,用于传输控制信号。同轴电缆的外导体是接地的,由于它的屏蔽作用,外界噪声很少进入其内。

同轴电缆可以满足较高性能的要求,与双绞线相比,它可以提供较高的吞吐量,连接较多的设备,跨越更大的距离,并且可以传输模拟和数字信号。同轴电缆比双绞线有着优越的频率特性,因而可以用于较高的频率和数据传输率。由于其具有可以屏蔽外界干扰的同轴心结构,比起双绞线来,它对于干扰和串音就不敏感。影响同轴电缆性能的主要因素是衰减、热噪声和交调噪声。

3. 光纤

光纤具有传输容量大、损耗低、线径细、质量小、不受电磁干扰等优点,适合作为近程、中程以及远程的传输线路。光纤在电磁兼容性等方面有独特的优点,而且数据传输速度比较高,传输距离远,在汽车网络上,尤其在一些要求传输速度高的车载网络(如车载信息与多媒体网络)上有很好的应用前景。但其因为受到成本和技术的限制,现在使用得并不多。最常用的光纤是塑料光纤和玻璃纤维光纤,在汽车上多用塑料光纤,如图1-13所示。

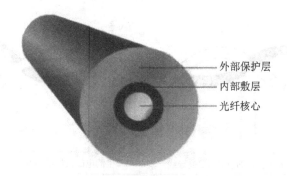

图1-13 塑料光纤

与玻璃纤维光纤相比,塑料光纤具有以下优点:

①光纤横断面较大。因为光纤横断面较大,所以生产时光纤的定位没有太大的技术问题。

②对灰尘不是很敏感。即使非常小心,灰尘也可能落到光纤表面上并由此改变光束的入射/发射功率。对于塑料光纤而言,细微的污物不一定会导致传输距离故障。

③操作简单。例如,约 1 mm 厚的塑料光纤芯操作起来比约 62.5 μm 厚的玻璃纤维光纤芯要容易一些。与玻璃纤维光纤相比,其操作处理要简单得多。注意:玻璃纤维易折断,塑料纤维不易折断。

④加工制作简单。与玻璃纤维光纤相比,宝马使用的甲基丙烯酸甲酯 PMMA 光纤切割、打磨或熔化相对简单,这样在导线束制造以及进行售后服务维修时具有较大的优势。

1.2.2 拓扑结构

网络的拓扑结构(Topological Structure)是指网上计算机或设备与信息传输介质形成的节点与数据传输线的物理构成模式,也就是网络的物理连接方式。局域网的常用拓扑结构有3种:星形、环形、总线形。车载网络的拓扑结构主要有线形结构、星形结构、环形结构等几种。

1. 线形拓扑结构

线形拓扑结构,如图 1-14 所示,是一种信道共享的物理结构,这种结构中总线具有信息的双向传输功能,普遍用于控制器局域网的连接,总线一般采用同轴电缆或双绞线。

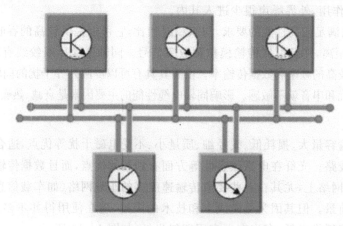

图1-14 线形拓扑结构

线形拓扑结构的优点是安装简单,扩充或删除一个节点很容易,不需停止网络的正常工作,节点的故障不会殃及整个系统。由于各个节点共用一个总线作为数据通路,信道的利用率高。但线形拓扑结构也有其缺点,由于信道共享,连接的节点不宜过多,并且总线自身的故障可以导致整个系统的崩溃。

车载网络多采用线形拓扑结构,主要应用在 CAN 总线系统上。

2. 星形拓扑结构

星形拓扑结构是一种以中央节点为中心,把若干外围节点连接起来的辐射式互联结构,如图 1-15 所示。星形拓扑结构的特点是结构简单、安装容易、费用低,通常以集线器作为中央节点,便于维护和管理。其缺点是,中央节点的正常运行对网络系统来说是至关重要的,星形拓扑结构的中央节点负载重,扩充困难,信道(线路)利用率较低。

由于车载网络的应用目的之一就是简化线束,所以这种结构不可能成为整车网络的结构,只在某一总成或系统上使用。宝马车系的安全气囊系统就采用的是星形拓扑结构。

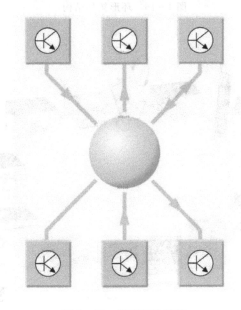

图 1-15 星形拓扑结构

3. 环形拓扑结构

环形拓扑结构是由各节点首尾相连形成一个闭合环形线路。环形网络中的信息传输是单向的,即沿一个方向从一个节点传到另一个节点,每个节点需安装中继器,以接收、放大、发送信号,如图 1-16 所示。

环形拓扑结构的特点是结构简单,建网容易,便于管理。其缺点是,当节点过多时,将影响传输效率,不利于扩充,另外,当某一个节点发生故障时,整个网络就不能正常工作。

宝马车系的影音娱乐系统采用的 MOST 总线即为环形拓扑结构,如图 1-17 所示,通过光脉冲传输数据,且只能朝一个方向传输。光缆用作传输媒介可以传输各种数据(如控制信息、音频和图像数据),并提供各种数据服务。

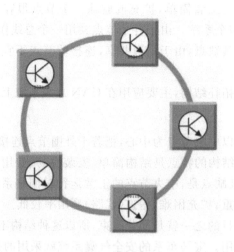

图 1-16 环形拓扑结构

图 1-17 宝马车系的影音娱乐系统

1.2.3 通信协议

通信协议是指通信双方控制信息交换规则的标准、约定的集合,即指数据在总线上的传输规则。简单地说,两个实体要想成功地通信,它们必须"说同样的语言",并按既定控制法则来保证相互的配合。在汽车上,要实现车内各电控单元之间的通信,必须制订规则,即通信的方法、时间和内容,以保证通信双方能相互配合,就好像现实生活中的交通规则一样;总统乘坐的车具有绝对的优先通行权;其他具有优先权的依次是政府要员的公车、警车、消防车、救护车等,但只能在执行公务时才能有优先权,驾车旅游、执行公务完毕就无优先权可言。数据总线的通信协议并不是个简单的问题,但可举例简单说明。

例如,当电控单元 A 检测到发动机已接近过热时,相对于其他不太重要的信息(如电控单元 B 发送的最新的大气压力变化数据)就有优先权。通信协议的标准蕴涵唤醒访问和握手。唤醒访问就是一个给电控单元的信号(这个电控单元为了节电而处于休眠状态),信号能使之进入工作状态。握手就是电控单元间的相互确认、兼容,并处在工作状态。

1. 通信协议的分类

通信协议的种类繁多,可分为如下几类:

① 在一个简单的通信协议中,模块不分主从,根据规定的优先规则,模块间相互传递信息,并且都知道该接收什么信息。

② 一个模块是主模块,其他则为从属模块,根据优先规则,主模块决定哪个从属模块发送信息以及何时发送信息。

③ 所有的模块都像旋转木马上的骑马人,一个上面有"免费券"挂环的转圈绕着它们旋转。当一个模块有了有用的信息,它便抓住挂环挂上这条信息,任何一个需要这条信息的模块都可以从挂环上取下这条信息。

④ 通信协议中有个仲裁系统,通常这个系统按照每条信息的数字拼法为各数据传输设定优先规则。例如,以 1 结尾的数字信息要比以 0 结尾的信息有优先权。

2. 通信协议的要素

通信协议主要由以下 3 个要素组成:

① 语法:确定通信双方之间"如何讲",即通信信息帧的格式。

② 语义:确定通信双方之间"讲什么",即通信信息帧的数据和控制信息。

③ 定时规则:确定事件传输的顺序以及速度匹配。

3. 通信协议的功能

通信协议的功能主要有以下几个方面:

① 差错监测和纠正:面向通信传输的协议常使用"应答—置发"和通信校验进行差错的检测和纠正工作。一般来说,协议中对异常情况的处理说明要占很大的比值。

② 分块和重装:为符合协议的格式要求,需要对数据进行加工处理。分块操作是将大的数据划分成若干小块,如将报文划分成几个子报文组;重装操作则是将划分的小块数据重新组合复原,如将几个子报文组还原成报文。

③ 排序:对发送的数据进行编号以标识它们的顺序,通过排序,可以达到按序传递、信息流控制和差错控制等目的。

④ 流量控制:通过限制发送的数据量或速率,防止在信息中出现堵塞现象。

1.2.4 网关

网关(Gateway)又称网间连接器、协议转换器,是整车电子电气架构中的核心部件,其作为整车网络的数据交互枢纽,可将 CAN、Lin、MOST、FlexRay 等网络数据在不同网络中进行路由。汽车内部的网络节点如同一个个站点,从一个网络向另一个网络发送信息,需要换乘的站点就是"网关"。不同类型的网络传输数据,通过网关进行数据交互。

1. 网关的作用

网关的作用主要体现在以下几个方面：
① 网关可以把局域网上的数据转变成可以识别的 OBD Ⅱ 诊断数据语言，方便诊断。
② 网关可以实现低速网络和高速网络的信息共享。
③ 与计算机系统中的网关作用一样，负责接收和发送信息。
④ 激活和监控局域网络的工作状态。
⑤ 实现车载网络系统内数据的同步性。
⑥ 对各种数据总线发送过来的数据报文（信息标识符）进行翻译。

简而言之，网关就是用于连接不同类型的总线系统的设备。通过网关可连接具有不同逻辑和物理性能的总线系统。因此，尽管各个总线系统的数据传输速率不同，网关仍能保证数据交换的正常进行。

例如，在宝马汽车总线中，传输速率为 100 kbit/s 的 K-CAN（车身 CAN 总线）相当于自行车的速度，传输速率为 500 kbit/s 的 PT-CAN（动力传动系统 CAN 总线）相当于载货汽车的速度，传输速率为 10 Mbit/s 的安全气囊系统总线（Byteflight）相当于普通乘用车的速度，传输速率为 22.5 Mbit/s 的影音娱乐系统总线（MOST）相当于超级跑车的速度。尽管各个总线系统的数据传输速率和数据流量不尽相同，甚至差异巨大，但在网关的统筹安排和指挥调度下，却能平稳运行、协同工作。不同总线系统的输出数据到达网关后，网关要对其进行进一步的处理。在网关中过滤各个信息的速度、数据量和紧急程度，并在必要时进行缓冲存储。同时，网关还要进行故障的监控和诊断工作。

2. 网关的工作原理

网关好比铁路站台，如图 1-18 所示。站台 A 侧为高铁列车，站台 B 侧为普通慢车。将高铁列车比作高速 CAN，普通慢车比作低速 CAN，在站台换乘的乘客比作在 CAN 线上传递的信息。高铁列车上的乘客可以通过站台换乘普通慢车，同时慢车上的乘客也可以通过站台换乘高铁列车，这样，不同系统之间的信息就完成了交换。

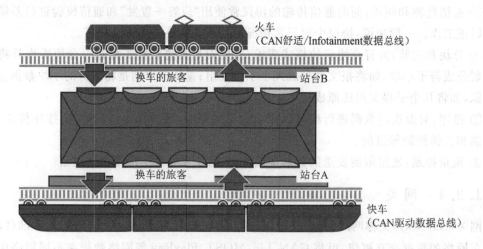

图 1-18 网关工作原理示意图

另外,网关还具有改变信息优先级的功能。如若车辆发生相撞事故,气囊控制单元就会发出负加速度传感器的信号,这个信号的优先级在驱动系统中是非常高的,但转到舒适系统后,网关就会调低它的优先级,因为它在舒适系统中的功能只是打开门和灯。

由于通过 CAN 总线的所有信息都供网关使用,所以网关也用作诊断接口,以前是通过网关的 K 线来查询诊断信息,目前大多数汽车都是通过 CAN 总线诊断线来完成这个工作的。

3. 网关的类型及安装位置

根据车辆的不同,网关可能安装在组合仪表内、集成在中央电器控制单元内或具有自己独立的网关控制单元。

(1) 安装在仪表内

网关集成在组合仪表内部电路上,如图 1-19 所示。

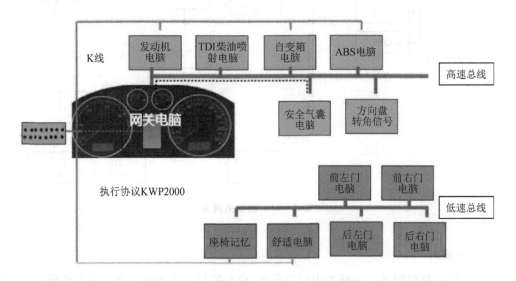

图 1-19　安装在仪表内的网关

(2) 集成在中央电器控制单元内

网关集成在控制单元 J519 内部电路上,如图 1-20 所示。

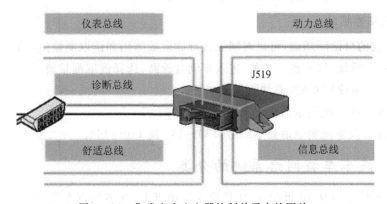

图 1-20　集成在中央电器控制单元内的网关

(3) 具有单独的控制单元

单独使用的网关,在仪表下方、加速踏板上方,如图 1-21 所示。

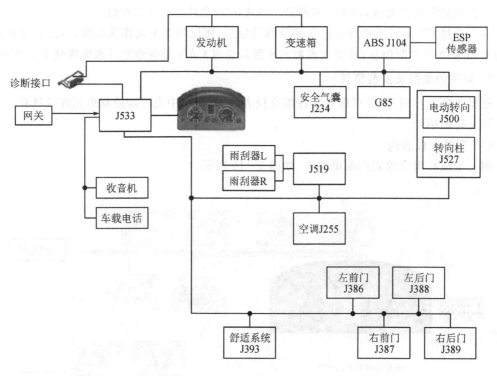

图 1-21 独立的网关

4. 网关编码

网关编码就是控制单元在网关中的注册码,所有的控制单元必须在网关上注册后,才能进行正常的通信。

在大众系列车型上,编码方法如下:连接诊断仪,打开点火开关,进入引导性功能,选择车型、年代,进入车辆系统或功能选择,选择数据总线诊断接口 19(大众网关有独立的地址码),选择网关编码,输入控制单元正确编码,选择执行编码。

5. 网关读取数据块

使用诊断仪的自诊断功能,可以对网关进行读取故障码和读取测量值功能操作。

方法:连接诊断仪,打开点火开关,进入车辆自诊断,选择读取测量值。

例如,大众车系读取 CAN 总线测量值如下:

高速 CAN 总线系统测量值显示组号:125~129;

低速 CAN 总线系统测量值显示组号:130~134 及 140~144。

1.2.5 汽车车载网络系统的分类

汽车车载网络系统从 20 世纪 80 年代投入应用以来,众多的汽车生产公司都积极致力于汽车网络技术的研究及应用,迄今为止已有多种网络标准被发表并应用。目前存在的网络标准,按系统的复杂程度、通信速率、必要的动作响应速度、工作可靠性等方面的因素,被 SAE 车辆网络委员会划分为 A、B、C、D、E 共 5 类。

1. A 类网络

A 类网络是面向传感器/执行器控制的低速网络,A 类网络主要包括 UART、Sinebus、1708/J1587/J1922、CCD、ACP、BEAN、Lin、TTP/A 等,目前很多 A 类总线标准都已淘汰,还在应用的主要是 Lin 协议、TTP/A 协议和丰田专用 BEAN 协议等。A 类网络数据传输速率通常小于 10 kbit/s,主要用于车外后视镜调节、电动车窗、灯光照明等的控制。例如,在大众迈腾轿车上面就运用了几个 A 类网络来控制智能刮水器、自动空调等系统,其特点是传输速率低、成本低。

2. B 类网络

B 类网络是面向独立模块间数据共享的中速网络,B 类网络主要包括 J2284、CAN、J1939、J1850、VAN 等,从目前来看,应用较广的 B 类总线标准有 3 种:低速 CAN、J1850 和 VAN。低速 CAN 是 B 类网络的国际标准,以往广泛适用于美国车型的 J1850 正逐步被基于 CAN 总线的标准和协议所取代。B 类网络传输速率在 10~125 kbit/s 之间,主要应用于车身电子舒适性模块、仪表显示等系统。

3. C 类网络

C 类网络是面向高速、实时闭环控制的多路传输网络,C 类网络主要包括 ISO11898-2(高速 CAN)、FlexRay、TTP/C 等,从目前应用的情况来看,CAN 协议仍为 C 类网络协议的主流,但随着汽车中引进 X-by-Wire 系统,TTP/C 和 FlexRay 将显示出优势。C 类网络位速率在 125 kbit/s~1 Mbit/s 之间,主要应用于牵引力控制、发动机控制、ABS、ESP 等系统。

4. D 类网络

D 类网络是智能数据总线 IDB(Intelligent Data BUS)网络,主要面向影音娱乐信息、多媒体系统,其位速率在 250 kbit/s~100 Mbit/s 之间。按照 SAE 的分类,IDB-C 为低速网络,IDB-M 为高速网络,IDB-Wireless 为无线通信网络。目前主要应用的几种 D 类总线主要是 IDB-C、D2B、MOST、IDB-1394、蓝牙等。低速网络用于远程通信、诊断及通用信息传送,IDB-C 按 CAN 总线的格式以 250 kbit/s 的位速率进行信息传送。由于其低成本的特性,早期的汽车多媒体网络多采用该模式,但一般不传输媒体信息,主要完成操作指令的传输。高速网络主要用于实时的音频和视频通信,如 MP3、DVD 和 CD 等的播放,所使用的传输介质是光纤,这一类里主要有 D2B、MOST 和 IEEE1394。无线通信方面,采用蓝牙规范。

5. E 类网络

E 类网络是面向汽车被动安全系统(安全气囊)的网络,其位速率为 10 Mbit/s。典型的安全总线标准如 BMW 公司的 Byteflight。Byteflight 协议是由 BMW、Motorola、Elmos 和 Infineon 等公司共同开发的,试图用于安全保障系统,此协议基于灵活的时分多路 TDMA 协议,以 10 Mbit/s 的速率传送数据,光纤可长达 43 m。

就目前的技术水平而言,以上几种网络技术在汽车上多采用组合方式,即车身和舒适性控制单元都连接到低速 CAN 总线上,并借助于 Lin 总线进行外围设备控制。而汽车高速控制系统,通常会使用高速 CAN 总线将其连接在一起。远程信息处理和多媒体连接需要高速互连,且数据传输量大,视频传输又需要同步数据流格式,因此,影音娱乐信息、多媒体系统多采用 DDB(Domestic Digital Bus)总线或 MOST(Media Oriented Systems Transport)总线。无线通信则通过蓝牙(Bluetooth)技术加以实现。随着技术的不断进步,时间触发协议 TTP(Time Trigger Protocol)和 FlexRay 将得到广泛应用,使车载网络技术得到一次脱胎换骨的提升。

1.3 汽车车载网络应用及常见故障

随着汽车技术的发展,在汽车上采用的计算机微处理芯片数量越来越多,多个处理器之间相互连接、协调工作并共享信息构成了汽车车载电脑网络系统。出于成本、速率等因素的考虑,通常将车上的系统分为车身控制系统、动力控制系统、信息娱乐系统、故障诊断系统等,各控制系统根据其自身特点采用不同的总线,再将各总线用网关集成一个完整的车载网络。

通常的车载网络控制系统采用多条不同速率的总线分别连接不同类型的节点,并使用网关服务器来实现整车的信息共享和网络管理,如图 1-22 所示。

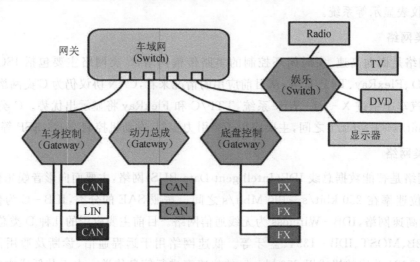

图 1-22 车载网络控制系统

车身系统的控制单元多为开关量器件和低速电动机,对实时性要求低而数量众多,使用低速的总线连接这些电控单元,将这部分电控单元与汽车的驱动系统分开,有利于保证驱动系统通信的实时性。此外,采用低速总线还可增加传输距离,提高抗干扰能力以及降低硬件成本。

动力与传动系统的受控对象直接关系汽车行驶状态,对通信实时性有较高的要求,因此使用高速的总线连接动力与传动系统。传感器组的各种状态信息可以用广播的形式在高速总线上发布,各节点可以在同一时刻根据自己的需要获取信息。这种方式最大限度地提高了通信的实时性。信息与车载媒体系统对于通信速率的要求更高,在 2 Mbit/s 以上,一般采用新型的多媒体总线连接车载媒体。这些新型的多媒体总线往往是基于光纤通信的,可以充足保证带宽。

网关是电动汽车内部通信的核心,通过它可以实现各条总线上信息的共享以及实现汽车内部的网络管理和故障诊断功能。故障诊断系统是将车用诊断仪器连接到车载通信网络上加以实现的,如果车载网络系统出现故障,则整个汽车车载网络系统中的有些信息将无法传输,接收这些信息的电控模块将无法正常工作,从而为故障诊断带来困难。对于汽车车载网络系统故障的维修,应根据车载网络系统的具体结构和控制回路具体分析。

1.3.1 汽车车载网络的故障表现

当总线出现故障时一般有 3 种表现:

①没有外在故障现象,只是在自诊断系统中储存故障码,总线进行应急工作状态,出现这种故障时,车主无法察觉车辆有故障;

②某一个模块与其他模块无法通信,所有需要从总线上取得的信号都无法得到,相关的控制功能会受到影响,这时部分模块会出现外在故障现象;

③整个网络失效,各节点都无法通信,此时会出现大范围的故障表现。

1.3.2 汽车车载网络的故障类型

一般来说,造成汽车车载网络系统故障的原因有 3 种:一是汽车电源系统引起的故障;二是汽车车载网络系统的节点故障;三是汽车车载网络系统的链路故障。

1. 汽车电源系统引起的网络故障

汽车车载网络系统的核心部分是含有通信 IC 芯片的控制单元,控制单元的正常工作电压在 10.5～14.5 V 的范围内。如果汽车电源系统提供的工作电压低于该值,就会使一些对工作电压要求高的控制单元短暂的停止工作,从而使整个汽车车载网络系统出现短暂的无法通信现象。这种现象就如同用故障诊断仪在未起动发动机时已经设定好要检测的传感器界面,当发动机起动时,故障诊断仪又回到初始界面。

这类故障产生的原因主要是蓄电池、发电机、供电线路、熔断丝等元器件发生故障。

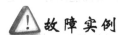
故障实例

故障现象:一辆上海别克轿车,在车辆行驶过程中,时常出现转速表、里程表、燃油表和水温表指示为零的现象。

故障检测:用故障诊断仪读取故障码,发现各个电控模块均没有当前故障码,而在历史故障码中出现多个故障码。其中:SDM(安全气囊控制模块)中出现 U1040——失去与 ABS 控制模块的对话,U1000——二级功能失效,U1064——失去多重对话,U1016——失去与 PCM 的对话;IPC(仪表控制模块)中出现 U1016——失去与 PCM 的对话;BCM(车身控制模块)中出现 U1000——二级功能失效。

故障分析与排除:经过故障码的读取可知,该车的网络系统存在故障,因为 OBDⅡ规定 U 字头的故障代码为汽车多路信息传输系统的故障代码。通过查阅上海别克轿车的电源系统的电路图,得知电控模块共用一根电源线,并且通过前围板。由于故障码为间歇性的,判断可能是这根电源线发生间歇性断路故障,经检查发现插接器松动,处理后故障排除。

2. 节点故障

节点是汽车车载网络系统中的电控模块,因此节点故障就是控制单元的故障。这类故障产生的原因主要是各类控制单元、传感器等元器件发生故障。

软件故障即传输协议或软件程序有缺陷或冲突,从而使汽车车载网络系统通信出现混乱或无法工作,这种故障一般成批出现,且无法维修。

硬件故障一般是由于通信芯片或集成电路故障,造成汽车车载网络系统无法正常工作。对于采用低版本信息传输协议的点到点信息传输协议的汽车车载网络系统,如果有节点故障,将导致整个汽车车载网络系统无法工作。

 故障实例

故障现象:一辆上海帕萨特 B5 轿车在使用中出现机油压力报警灯与安全气囊故障指示灯报警,同时发动机转速表不能运行。

故障检测:用故障阅读仪读取发动机控制系统的故障码,发现有两个偶发性故障码:18044——安全气囊控制单元无信号输出;18048——仪表数据输出错误。用故障阅读仪读取仪表系统的故障码为:01314——发动机控制单元无通信;01321——到安全气囊控制单元无通信。

故障分析与排除:通过读取故障码可以初步判断故障在于汽车多路信息传输系统。通过对汽车电气线路进行分析,推断电源系统引起故障的概率很小,故障很可能是节点或链路故障。尝试用替换法检修安全气囊控制单元,故障得以排除。

3. 链路故障(数据导线故障)

当汽车车载网络的链路(通信线路)出现故障时,如通信线路的短路、断路以及线路物理性质引起的通信信号衰减或失真,都会导致多个电控单元无法工作或电控系统错误动作。

 故障实例

故障现象:一辆奥迪轿车的电控自动空调系统在开关接通的情况下,鼓风机能工作,但是空调系统却不制冷。

故障检测:通过观察,发现空调压缩机的电磁离合器不吸合,但发动机工作正常。检查电磁离合器线路的电阻值,电阻值符合规定值,检查空调控制单元的输出端没有输出信号。此时用故障阅读仪读取发动机控制系统和空调控制系统的故障码,均无故障码。用故障阅读仪读取空调控制单元的数据流,发动机的转速数据为零。

故障分析与排除:由于发动机工作正常,因此发动机控制单元接收的发动机转速信号应该正常,检查发动机控制单元和空调控制单元之间的通信线路,发现两者之间的转速通信线的端子变形造成链路断路,修复插接件后故障排除。

1.3.3 汽车车载总线的故障诊断

当车辆出现故障,首先通过故障诊断仪读取相关系统的故障码,如有 U 开头的故障代码,说明汽车载自诊断系统检测出车载网络通信有故障,这时可用万用表、示波器等检测仪器进行测量,然后再对测量结果进行分析判断。

1. 车载网络系统的一般诊断步骤

汽车车载网络系统的一般诊断步骤如下：

①了解该车型的汽车多路传输系统特点（包括传输介质、几种子网及汽车多路信息传输系统的结构形式等）。

②了解汽车多路信息传输系统的功能，如有无唤醒功能和休眠功能等。

③检查汽车电源系统是否存在故障，如交流发电机的输出波形是否正常（若不正常将导致信号干扰等故障）等。

④检查汽车多路信息传输系统的链路是否存在故障，采用替换法或跨线法进行检测。

⑤如果是节点故障，只能采用替换法进行检测。

示例：三个控制单元组成 CAN 总线系统检测步骤。

如图 1-23 所示，在 CAN 总线出现一条数据线断路的故障中，可按下面步骤进行检测。

先接入故障诊断仪，读取故障代码，会出现以 U 开头的故障代码，说明系统已诊断出总线通信出现了故障，如出现模块 1 与模块 2 无法通信或数据通信线短路等故障码。

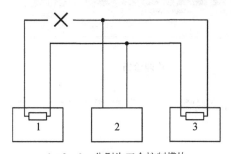

1，2，3—分别为三个控制模块

图 1-23 三个控制单元组成的总线系统

用万用表测量模块供电搭铁是否正常和数据线导通性、有无对地短路、有无对正电短路、终端电阻等是否正常。

用示波器测量数据线运行的数据信号是否正常。如果信号波形不正常，又没发现有数据短路断路等故障时，可用排除法或代换法进行节点故障诊断。

如果利用万用表和示波器没有找出故障，可以关闭点火开关，将某一个模块从总线上断开，断开后再重新打开点火开关，先清除故障码再读取故障码，看看此时故障码和前面测得的是否一致，是否产生了新的故障码。如果与原来一样，则说明断开的模块有故障，如果新增加了故障码，则说明断开的模块没有故障。

2. 故障诊断仪的使用

在多路传输系统的诊断中专用诊断设备必不可少，在对装备有总线传输的系统进行故障诊断时，应首先通过故障诊断仪查看是否有总线方面的故障，再进行排查找出故障点。目前，各个厂商都有自己的专用检测设备，比如大众奥迪的 ODIS、宝马使用的 ISTA 以及奔驰 XENTRY 专用检测设备等，与普通诊断仪相比，专用检测设备功能更强大。下面以大众奥迪 ODIS 为例对检测设备的使用方法进行说明：

双击桌面图标，启动 ODIS，将右侧滚动条下拉到底部，点击确定，如图 1-24 所示。

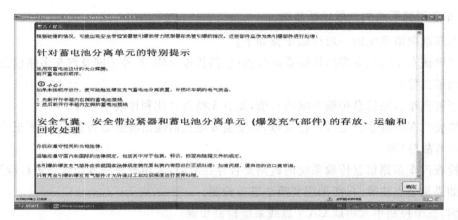

图 1-24　ODIS 使用 1

点击开始诊断,如图 1-25 所示。

图 1-25　ODIS 使用 2

　　开始诊断以后,车辆一般开始自动识别,识别结束后,一般需要选择测试车辆的发动机类型,最后点击接受。当自动识别失败时,会弹出对话框,点击"确定",可以进行手动识别,如图 1-26 所示。手动识别通过下拉菜单选择车型、年款和发动机后点击"接受",如图 1-27 所示。

　　然后,系统会出现 GEKO 账户登录窗口,在线应用时输入账号密码登录,离线应用时可取消登录,如图 1-28 所示。

　　启动后点击"无任务",开始识别控制单元,如图 1-29 所示。

　　控制单元识别结束后,点击"确定",开始引导型故障查询,如图 1-30 所示。

　　查询中如弹出选择变型对话框,则按实车装置选择,点击"设置变型",如果没有则选择取消,查询后转到 DISS 界面(目前未应用),点击"控制单元"切换界面,如图 1-31 所示。

项目一　汽车车载网络基础

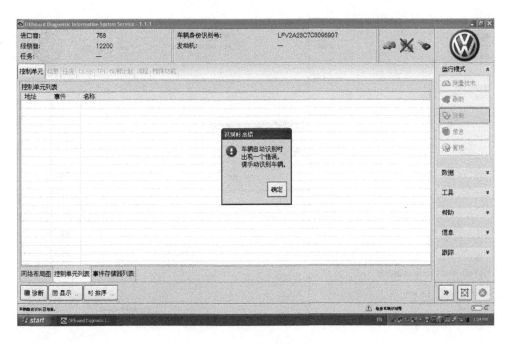

图 1-26　ODIS 使用 3

图 1-27　ODIS 使用 4

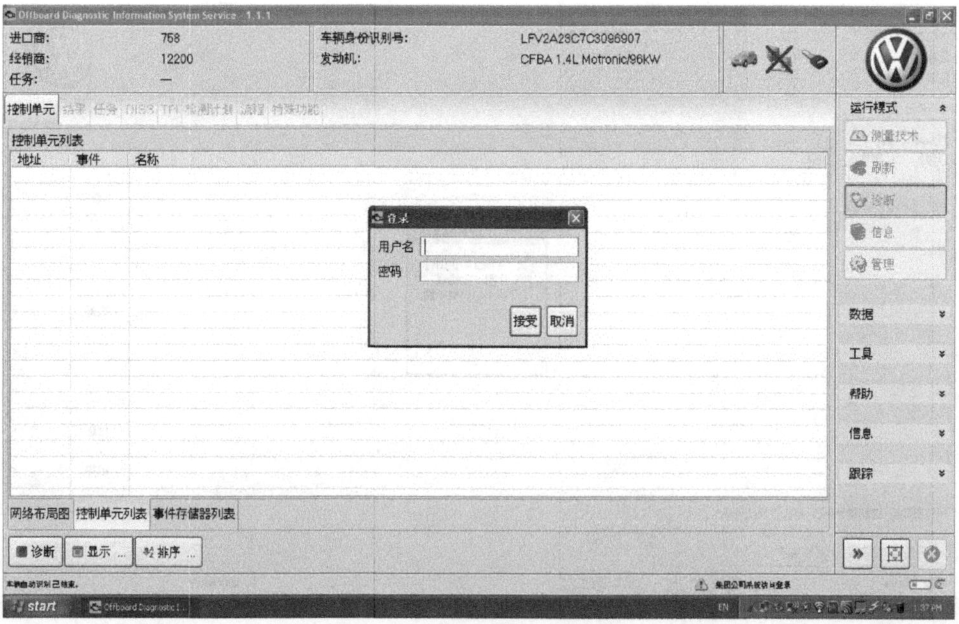

图 1-28　ODIS 使用 5

图 1-29　ODIS 使用 6

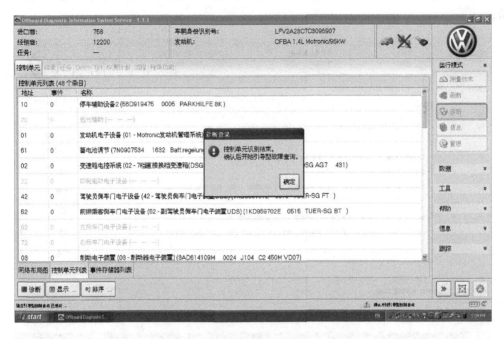

图1-30 ODIS使用7

图1-31 ODIS使用8

此时出现的界面为"控制单元列表",可点击"显示→实际配置"进行筛选,如图 1-32 所示。

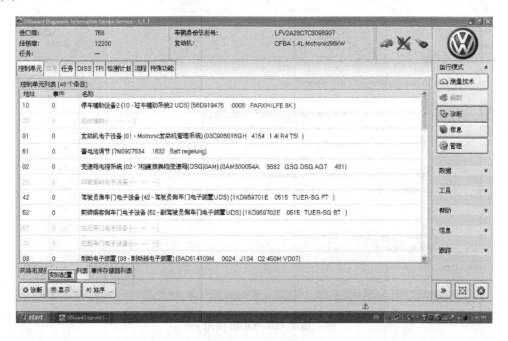

图 1-32　ODIS 使用 9

在这个窗口,可以点击"事件存储器列表",查看故障存储,也可以查看"控制单元列表"和"网络布局图",如图 1-33、图 1-34 所示。

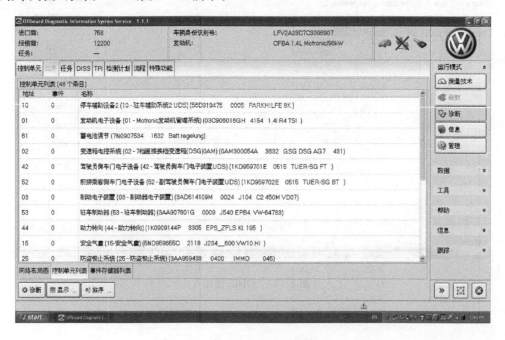

图 1-33　ODIS 使用 10

项目— 汽车车载网络基础

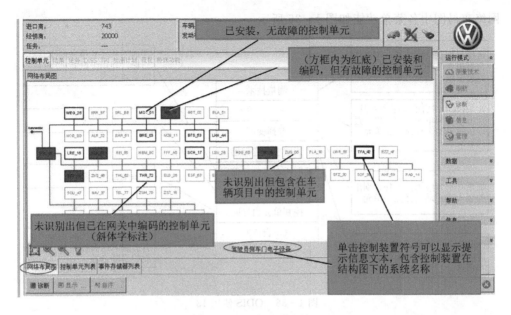

图1-34 ODIS使用11

在网络布局图中可以识别出车辆安装了哪些控制单元,哪些控制单元有故障等信息。对"控制单元"右键单击或左键单击一秒以上,弹出功能菜单,可以进行读取故障码、数据流、引导功能、自诊断等操作,如图1-35所示。

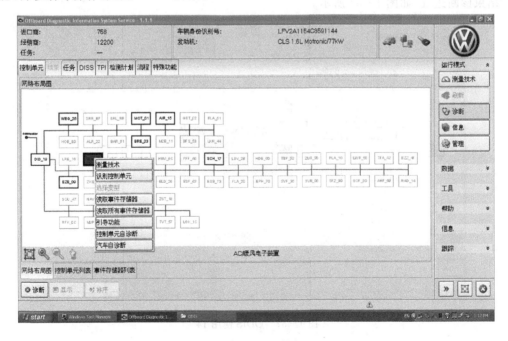

图1-35 ODIS使用12

网络布局图中各菜单功能如图1-36所示。

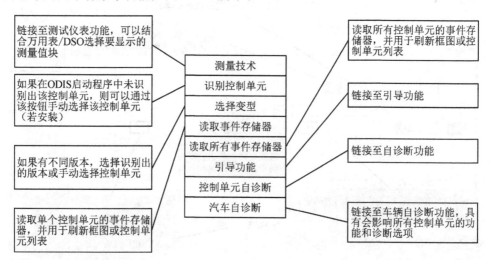

图1-36 ODIS使用13

2. 系统基本操作——退出系统

无论是引导性故障查询模式还是自诊断模式,中途都可以在"控制单元"页签中,点击界面左下角标有红叉的"诊断"按钮退出诊断。当程序询问"是否要结束已有的诊断会话?"时,选择"是"结束诊断进程,如图1-37所示。

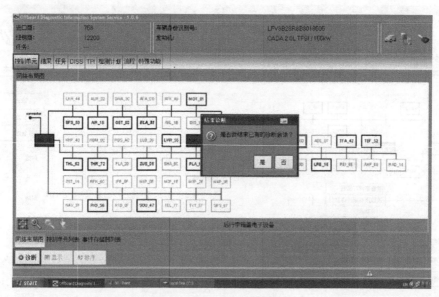

图1-37 ODIS使用14

系统还会提醒有尚未完成的检测计划,若选择"是"则不会终止,选择"否"即确认要退出诊断,如图1-38所示。

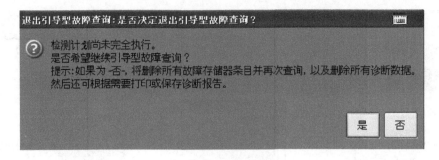

图 1-38 ODIS 使用 15

系统第三次询问,"是否计算新的检测计划",选择"是"则结束当前诊断会话并创建新的检测计划;选择"否"则彻底退出诊断,如图 1-39 所示。

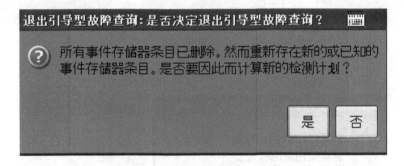

图 1-39 ODIS 使用 16

最后询问"是否生成就绪代码",对于非柴油车来说,点击"否",如图 1-40 所示。

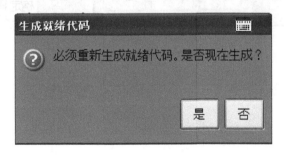

图 1-40 ODIS 使用 17

之后开始逐步退出诊断,期间有一个步骤是自动发送诊断报告,若已经输入账号密码则会自动完成,也可以在这时输入账号密码,完成诊断报告自动上传。如果没有登录账号,可以取消,如图 1-41 所示。

无论自动上传成功与否,系统都会询问是否打印诊断报告或保存至本地,以及选择诊断报告的类型,如图 1-42 所示。

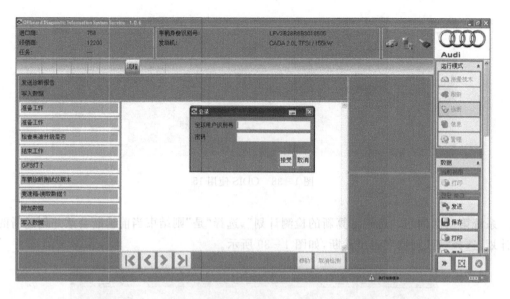

图 1-41　ODIS 使用 18

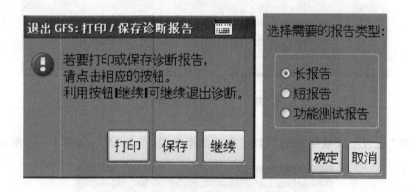

图 1-42　ODIS 使用 19

任务实施

任务 1　利用 ODIS 读取数据总线诊断接口的故障码和数据流

利用大众奥迪专用检测仪 VAS6150B 对测试车辆数据总线诊断接口进行诊断,通过实际操作,了解诊断仪的使用方法,掌握诊断仪读取故障码、数据流等操作流程。根据自己的操作步骤,填写表 1-4。

表 1-4　利用 ODIS 读取数据总线诊断接口故障码和数据流

测试人		测试时间		实操二维码
测量车型				
使用工具设备				
ODIS 连接方法及开机步骤				
写出网关故障码的读取和清除操作步骤及结果				
写出读取网关 130~131 通道数据流操作步骤及结果				

任务 2　网关的编码

利用 VAS6150B 对车辆总线诊断接口进行编码，根据自己的测试过程填写表 1-5（如果没有故障可以预先设一个故障）。

表 1-5　网关的编码

测试人		测试时间		实操二维码
测量车型				
使用工具设备				
编码操作方法步骤				

根据测量结果分析故障原因：

知识测评

1. 所谓数据传输总线,就是指在一条数据线上传递的信号可以被(　　)系统共享,从而最大限度地提高系统整体效率,充分利用有限的资源。
   A. 1个　　　　　　　　B. 多个

2. 数据传输总线应用在汽车电气系统上,就可以(　　)。
   A. 大大简化汽车电路　　B. 一线多用　　C. 缩小线束的直径　　D. 以上都对

3. 在汽车上传统的信息传递方式采用(　　)传输方式,每项信息需由独立的数据线完成,即有几个信号就要有几条信号传输线。
   A. 并行数据　　　　　　B. 串行数据

4. 当数据中的字节有多位时,就能表达很多含义,在进行通信时就能通过多位数的不同"0""1"组合变化来传送信息,用2位数就可以表达(　　)种意义。
   A. 1　　　　　B. 2　　　　　C. 3　　　　　D. 4

5. 为了减少车辆电气线束的数量,多路传输通信系统可使部分(　　)信号通过共用传输线路进行传输。
   A. 数字　　　　　　　　B. 模拟

6. 当系统处于(　　)状态时,多路传输通信系统将停止诸如信号传输和CPU控制等功能,以节约蓄电池的电能。
   A. 休眠　　　　　　　　B. 唤醒　　　　　C. 工作

7. 利用诊断仪(　　)对数据总线进行测试与诊断,方便了维修人员对电子系统的维护和故障检修。
   A. 可以　　　　　　　　B. 不可以

8. 汽车网络信息传输方式是利用数据总线将汽车上的(　　)连接起来,形成汽车信息传输网络系统。
   A. 用电设备　　　　　　　　　　　　B. 各个功能模块(电控单元等)
   C. 传感器　　　　　　　　　　　　　D. 执行器

9. 汽车信息传输网络系统发送数据和控制信号的功能模块将数据和控制信号以编码的方式(　　)总线上,接收数据或控制信号的功能模块通过解码获得相应的数据和控制命令(或某个开关动作)。
   A. 发送到同一根　　　　B. 分别发送到不同

10. 如果模块可以发送和接收数据,则这样的数据总线就称为(　　)数据总线。
    A. 单向　　　　　　　B. 双向　　　　　C. 都有可能

11. 汽车上的数据总线实际是(　　)。
    A. 一条导线　　　　　B. 两条导线　　　C. 光纤　　　　　D. 以上都有可能

12. 汽车车载网络多路传输系统使用的模块是(　　)。
    A. 控制单元　　　　　B. 传感器　　　　C. 都有可能

13. 并行传输需要多个物理通道,所以并行传输只适合于(　　)距离、要求传输速度快的场合使用。
    A. 长　　　　　　　　B. 短

14. 汽车车载网络系统的组成包含（　　）、拓扑结构和通信协议（MAC）三个部分，它们在很大程度上决定了可以传输的数据类型、通信速度、效率以及网络提供的应用种类。
    A. 控制单元　　　B. 传输媒体　　　C. 传感器　　　D. 执行器
15. 通常用于汽车车载网络系统局域网的传输媒体有（　　）。
    A. 双绞线　　　B. 同轴电缆　　　C. 光纤　　　D. 以上都对
16. 汽车车载网络系统中双绞线传输的是（　　）信号。
    A. 模拟　　　B. 数字　　　C. 以上都有可能
17. 汽车车载网络系统中同轴电缆传输的是（　　）信号。
    A. 模拟　　　B. 数字　　　C. 以上都有可能
18. 汽车车载网络系统中光纤传输的是（　　）信号。
    A. 模拟　　　B. 数字　　　C. 以上都有可能
19. 同轴电缆比双绞线有着优越的频率特性，因而可以用于（　　）的频率和数据传输率。
    A. 较高　　　B. 较低
20. 光纤具有传输容量大、损耗低、线径细、质量小、不受电磁干扰等优点，适合作为（　　）的传输线路。
    A. 近程　　　B. 中程　　　C. 远程　　　D. 以上都可以
21. 最常用的光纤是塑料光纤和玻璃纤维光纤，在汽车上多用（　　）光纤。
    A. 塑料　　　B. 玻璃
22. 车载网络的拓扑结构主要有（　　）等几种。
    A. 线形结构　　　B. 星形结构　　　C. 环形结构　　　D. 以上都有
23. 汽车车载网络数据交互枢纽指的是（　　）。
    A. 发动机控制单元　　　B. 网关　　　C. 传感器　　　D. 执行器
24. 同轴电缆的中央是一条单根的铜导线，其外部被一层（　　）材料包围着，在这种绝缘介质的外部是一个网状金属屏蔽层。
    A. 绝缘　　　B. 导电　　　C. 屏蔽
25. （　　）可以把局域网上的数据转变成可以识别的OBDⅡ诊断数据语言，方便诊断。
    A. 发动机控制单元　　　B. 网关　　　C. 传感器　　　D. 执行器
26. 各个总线系统的数据传输速率不同，不能进行数据交换是（　　）。
    A. 正确的　　　B. 错误的
27. 在宝马汽车总线中，传输速率为100 kbit/s的K-CAN（车身CAN总线）与传输速率为500 kbit/s的PT-CAN（动力传动系统CAN总线）（　　）进行数据共享。
    A. 可以　　　B. 不可以
28. 网关编码就是控制单元在网关中的注册码，（　　）控制单元必须在网关上注册后，才能进行正常的通信。
    A. 低速的　　　B. 高速的　　　C. 所有的
29. 大众车型上网关电脑编码原则是（　　）控制单元默认安装的。
    A. 发动机　　　B. ABS　　　C. 安全气囊　　　D. 自动变速箱
30. A类网络数据传输速率通常小于（　　），主要用于车外后视镜调节、电动车窗、灯光照明等的控制。

A. 1 kbit/s B. 10 kbit/s C. 100 kbit/s D. 10 Mbit/s

31. 目前很多 A 类总线标准都已淘汰,目前还在应用的主要是(　　)协议、TTP/A 协议和丰田专用 BEAN 协议等。
    A. Lin B. CAN C. FlexRay D. MOST

32. 在同一通道或线路上同时传输多条信息即为(　　)。
    A. 多路传输 B. 单路传输 C. 双路传输

33. B 类网络传输速率在(　　)之间,主要应用于车身电子舒适性模块、仪表显示等系统。
    A. 10～25 kbit/s B. 10～50 kbit/s
    C. 10～125 kbit/s D. 10～125 Mbit/s

34. B 类网络主要包括(　　)、J1850 和 VAN 等。
    A. Lin B. 低速 CAN C. 高速 CAN D. MOST

35. C 类网络位速率在(　　)之间,主要用于牵引力控制、发动机控制、ABS、ESP 等系统。
    A. 10～25 kbit/s B. 10～50 kbit/s
    C. 10～125 kbit/s D. 125 kbit/s～1 Mbit/s

36. 用于牵引力控制、发动机控制、ABS、ESP 等系统的汽车网络属于(　　)。
    A. A 类网络 B. B 类网络 C. C 类网络 D. D 类网络

37. D 类网络是智能数据总线 IDB(Intelligent Data BUS)网络,主要面向(　　)。
    A. 牵引力控制系统 B. 发动机控制系统
    C. 影音娱乐信息系统 D. 故障诊断系统

38. E 类网络的位速率为(　　)。
    A. 1 Mbit/s B. 10 Mbit/s C. 100 Mbit/s D. 500 Mbit/s

39. 如果车载网络系统有故障,则整个汽车车载网络系统中的有些信息将无法传输,(　　)的电控模块将无法正常工作。
    A. 所有 B. 接收这些信息 C. 网关

40. 当汽车车载网络的通信线路的短路、断路引起多个电控单元无法工作或电控系统错误动作时属于(　　)。
    A. 节点故障 B. 链路故障 C. 电源故障

项目二　汽车车载 CAN 总线系统的检修

知识目标

1. 了解 CAN 总线的特点及应用；
2. 掌握 CAN 总线的组成及工作原理；
3. 掌握 CAN 总线的故障分析及诊断方法。

能力目标

1. 会查阅相关维修技术资料；
2. 能够正确使用 CAN 总线检测工具；
3. 能够进行常见 CAN 总线故障的检测与维修。

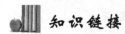

2.1　汽车车载 CAN 总线系统的认知

CAN，全称为"Controller Area Network"，即控制器局域网，是国际上应用最广泛的现场总线之一。最初，CAN 被设计用于汽车环境中的微控制器通信，在车载各电子控制装置 ECU 之间交换信息，形成汽车电子控制网络。比如发动机管理系统、变速器控制器、仪表装备、电子主干系统中，均嵌入 CAN 控制装置。在一个由 CAN 总线构成的单一网络中，理论上可以挂接无数个节点。实际应用中，节点数目受网络硬件的电气特性所限制。例如，当使用 Philips P82C250 作为 CAN 收发器时，同一网络中允许挂接 110 个节点。CAN 可提供高达 1 Mbit/s 的数据传输速率，这使实时控制变得非常容易。目前，CAN 总线是车载网络系统中应用最多、也最为普遍的一种总线技术。

2.1.1　汽车车载 CAN 系统的特点

1. 汽车车载 CAN 总线系统的优点

对于汽车上的整个系统来说，CAN 总线有如下优点：

① 控制单元间的数据传输都在同一平台上进行，如图 2-1 所示。CAN 总线起到数据传输"高速公路"的作用。

② 可以很方便地实现用控制单元来对系统进行控制，如发动机控制、变速器控制、ESP 控制等。

③ 可以很方便地加装选装装置，为技术进步创造了条件，为新装备的应用埋下了伏笔。

④ CAN 总线是一个开放系统,可以与各种传输介质进行适配,如铜线和光导纤维(光纤)。

⑤ 对控制单元的诊断可通过 K 线来进行,车内的诊断有时通过 CAN 总线来完成(如安全气囊和车门控制单元),称为"虚拟 K 线"。

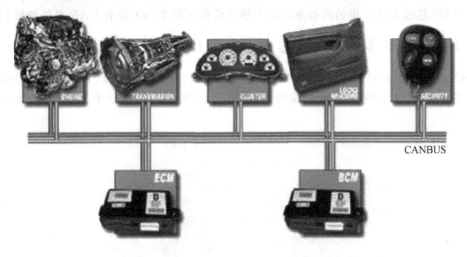

图 2-1 控制单元间的数据传输

2. CAN 总线的传输速率

CAN-BUS 目前的 ISO 标准有两种,分别是 ISO11898 与 ISO11519-2。ISO11898 通信速率为 125 kb/s~1 Mb/s 是 CAN 高速通信标准,ISO11519-2 是通信速率最高可达 125 kb/s 的 CAN 低速通信标准。这两种标准的通信数据格式一样,不同之处在于通信速率和故障保护,高速 CAN 的两条网线只要其中一条网线出现断路或短路,则整个网络失效。而低速 CAN 的两条网线出现同样的问题时,还可用剩下的另一条完好网线进行数据传递(即单线功能)。

在较早的大众车型上,比如在 2007 年的帕萨特汽车上,考虑到信号的重复率及产生出的数据量,CAN 总线系统分为三个专门的系统:

① 驱动 CAN 总线(高速),也称动力 CAN 总线,其标准传输速率为 500 kbit/s,可充分满足实时要求,主要用于发动机、变速器、ABS、转向助力等汽车动力系统的数据传输。

② 舒适 CAN 总线(低速),其标准传输速率为 100 kbit/s,主要用于空调系统、中央门锁(车门)系统、座椅调节系统的数据传输。

③ 信息 CAN 总线(低速),其标准传输速率为 100 kbit/s,主要用于对响应速度要求不高的领域,如导航系统、组合音响系统、CD 转换控制等。

3. CAN 总线的自诊断功能

CAN 总线是车内电子装置中的一个独立系统,从本质上讲,CAN 总线就是数据传输线路,用于在控制单元之间进行信息交换。由于自身的布置和结构特点,CAN 总线工作时的可靠性很高。如果 CAN 总线系统出现故障,故障就会存入相应的控制单元故障存储器内,可以用诊断仪读出这些故障。

① 控制单元具有自诊断功能,通过自诊断功能还可识别出与 CAN 总线相关的故障。

② 用诊断仪读出 CAN 总线故障记录之后,即可按这些提示信息按图索骥、顺藤摸瓜,快速、准确地查寻并排除故障。

③ 控制单元内的故障记录用于初步确定故障,还可用于读出排除故障后的无故障说明,即确认故障已经被排除。

④ CAN 总线正常工作的前提条件是车辆在任何工况下均不应有 CAN 总线故障记录。

2.1.2　汽车车载 CAN 总线系统的组成

CAN 总线系统由电控单元(包含控制器和收发器)、数据传输总线(传输介质双绞线)和数据传输终端组成,除了数据传输总线外,其他各元件都置于各控制单元的内部,如图 2-2 所示。

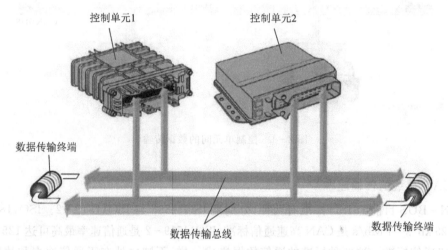

图 2-2　CAN 总线系统组成

1. 电控单元(ECU)

CAN 总线连接的电控单元又称 CAN 总线上的节点。CAN 总线上的每个电控单元独立完成网络数据交换和测控任务,如发动机电控单元、自动变速器电控单元、ABS 电控单元等。CAN 总线上的电控单元与非网络电控单元不同,非网络电控单元不需要对外进行数据交换;而网络上的电控单元之间需要数据交换,例如发动机电控单元中的发动机转速数据除了用于控制发动机的工况外,还需要经 CAN 总线传输给自动变速器电控单元,供自动变速器自动换挡控制使用;反过来,自动变速器的换挡信号也要经 CAN 总线传输给电控单元,使发动机的工况适合自动变速器的换挡要求。

图 2-3 是 CAN 总线电控单元的原理图,CAN 总线电控单元由输入电路、输出电路、单片机、CAN 控制器、光电隔离电路、CAN 收发器组成。

输入电路用来接收来自传感器和控制开关的输入信号,并将输入信号转换为单片机可接收的数字信号。如果输入信号是模拟信号,那么输入电路里还含有模/数转换电路(A/D 转换),将模拟信号转为数字信号。如冷却液温度传感器的信号是模拟信号,需经 A/D 转换电路转换为数字信号。

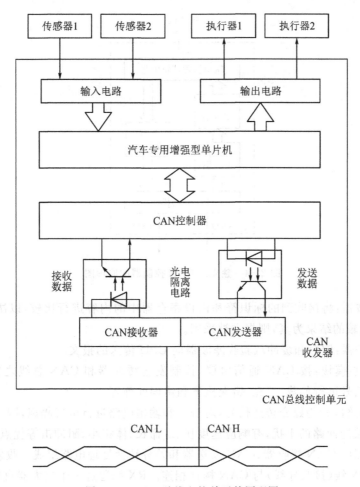

图2-3 CAN总线电控单元的原理图

输出电路将单片机输出的控制信号转换成能驱动执行器的功率信号,因此输出电路包括放大驱动电路。因为大部分执行器是模拟执行器,所以首先要将单片机输出的数字信号经数/模转换电路(D/A转换)转换为模拟信号。

单片机在工业控制技术中也常称为微控制器。目前,汽车电控单元使用的单片机是汽车专用增强型单片机,是针对汽车较为复杂的振动、高温、低温和恶劣的电磁环境而设计的。有的汽车单片机芯片内已包含A/D转换、D/A转换和其他专用电路,有的甚至将CAN控制器也合成在一起。

独立的CAN控制器是基于单片机控制的、专用于执行CAN总线通信协议的独立数字集成电路芯片。有时将单片机与CAN控制器合成的芯片也称为CAN控制器。图2-4是独立的CAN控制器的原理图,各部分组成及功能如下。

① 接口管理逻辑电路:解释来自单片机的命令,控制内部寻址,向单片机提供中断信息和状态信息,管理发送或接收数据。

② 发送缓冲器:储存并缓冲发送到CAN总线上的完整报文。

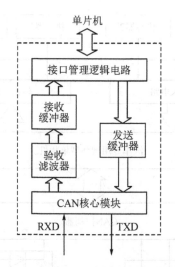

图 2-4 独立的 CAN 控制器的原理图

③ 验收滤波器：将接收到的标识符和内设寄存器中的内容进行比较，以决定是否接收整个报文。如果比较的结果为真，则报文被采用。

④ 接收缓冲器：储存和缓冲从验收滤波器向 CPU 传送的报文。

⑤ CAN 核心模块：按 CAN 通信协议，控制发送缓冲器和 CAN 总线之间的数据流，对 CAN 总线上的信号进行仲裁、填充、错误检测和错误处理等。

光电隔离电路以光为媒介传送信号，对输入和输出电路进行电气隔离，因而能有效地抑制系统噪声，消除接地回路的干扰，有响应速度快、寿命长、体积小、耐冲击等优点。

CAN 收发器由 CAN 接收器、CAN 发送器和差分转换处理电路组成。收发器通过 TX 线（发送导线）或 RX 线（接收导线）与 CAN 构件相连。RX 线通过一个放大器直接与 CAN 总线相连，并总是在监听总线信号。图 2-5 为 CAN 收发器转换信号的示意图。

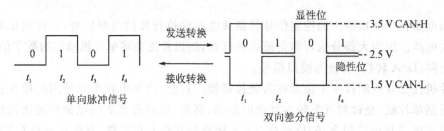

图 2-5 CAN 收发器转换信号的示意图

单片机数据的单向脉冲信号为正逻辑信号（正逻辑：用高电平表示逻辑 1，低电平表示逻辑 0；负逻辑：用高电平表示逻辑 0，低电平表示逻辑 1），经 CAN 发送器中的差分放大器转换为双向的差分信号传送到总线上，双向差分信号以负逻辑信号形式表示数据。

2. CAN 数据传输总线

CAN 总线是用以传输数据的双向数据线，分为 CAN 高位（CAN-High）和低位（CAN-Low）数据线。数据没有指定接收器，通过数据总线发送给各控制单元，各控制单元接收后进行计算。为了防止外界电磁波干扰和向外辐射，CAN 总线采用两条线缠绕在一起，两条线的电压和等于常值。通过这种办法，CAN 总线得到保护而免受外界电磁场干扰，同时，CAN 总线向外辐射保持中性，即无辐射。

在大众车系中，CAN 导线的基色为橙色。对于驱动数据总线来说，CAN-High 导线上还多加了黑色作为标志色；对于舒适 CAN 总线来说，CAN-High 导线上的标志色为绿色；对于信息 CAN 总线来说，CAN-High 导线上的标志色为紫色，而 CAN-Low 导线的标志色都是棕色，大众车系各系统 CAN 总线的颜色如图 2-6 所示。

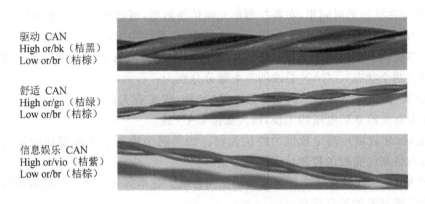

图 2-6 CAN 数据传输总线颜色

注意：在维修 CAN 总线时，要求断开线点距离插接器至少 100 mm，两个维修点之间至少间隔 100 mm，维修点的非缠绞长度不得超过 50 mm。

3. CAN 数据传输终端

CAN 数据传输终端实际是一个电阻器，作用是避免数据传输终了反射回来，产生反射波使数据遭到破坏。

在高速 CAN-BUS 中，有的只有两个数据传输终端，装在 CAN 高位（CAN-High）和低位（CAN-Low）数据线之间，总电阻为 50～70 Ω，也有些分布在多个控制单元内部，如图 2-7 所示。将点火开关断开后，可以用万用表测量 CAN 高位线和 CAN 低位线之间的电阻值。

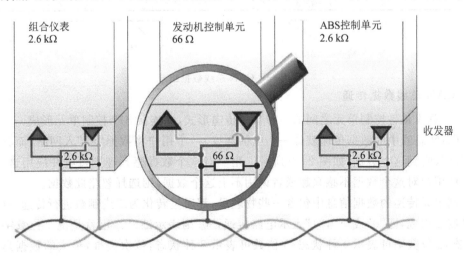

图 2-7 部分大众汽车总线上的负载电阻

在低速CAN-BUS中,每个节点都有数据传输终端,数据传输终端不是安装在CAN高位线和CAN低位线之间的,而是装在数据线与地之间,电源断开后,其电阻也断开了,因此用万用表对其进行测量时阻值为无穷大。

2.1.3 汽车车载CAN总线系统的数据

1. CAN总线数据的组成

CAN总线在极短的时间里,在各控制单元间传递数据,可将其分为7个部分。CAN总线传递的数据由多位构成,如图2-8所示。在数据中,位数的多少由数据域的大小决定(一位是信息的最小单位——单位时间电路状态。在电子学中,一位只有0或1两个值。也就是只有"是"和"不是"两个状态)。CAN总线的7个部分分别为:

① 开始域:标志数据开始。例如在低速CAN中,将带有大约5V电压的1位,送入高位CAN线;将带有大约0V电压的1位,送入低位CAN线。

② 状态域(仲裁域):判定数据中的优先权。如果两个控制单元都要同时发送各自的数据,那么,具有较高优先权的控制单元优先发送。

③ 检查域:显示在数据域中所包含的信息项目数。在本部分允许任何接收器检查是否已经接收到所传递过来的所有信息。

④ 数据域:在数据域中,信息被传递到其他控制单元。

⑤ 安全域:检测传递数据中的错误。

⑥ 确认域:在此,接收器信号通知发送器,接收器已经正确收到数据。若检查到错误,接收器立即通知发送器,发送器再发送一次数据。

⑦ 结束域:标志数据报告结束。在此是显示错误并重复发送数据的最后一次机会。

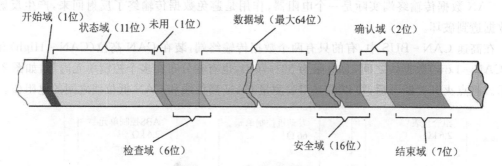

图2-8 CAN总线数据组成

2. CAN总线数据传递

CAN总线是各控制单元之间的一种数据传递形式,它连接各个控制单元形成一个完整的系统。CAN总线中的数据传递就像一个电话会议,一个用户将数据"讲"入网络,而其他用户通过网络收听到这个数据,如图2-9所示。用户对这个数据感兴趣则接收并应用这个数据,如果一些用户对这个数据不感兴趣或者说用不上这个数据,则选择忽略此数据。

控制单元传递的数据信息中包含一些物理量,都通过转化为二进制数进行传递,这种数据由二进制数构成,即"0"或"1","1"表示电路接通,"0"则表示断开。也就是说1位数字可表示2种状态,2位数则可表示4种状态;3位数可表示8种状态,依次类推,最大的数据是64位,它可表示的信息量为2^{64}。

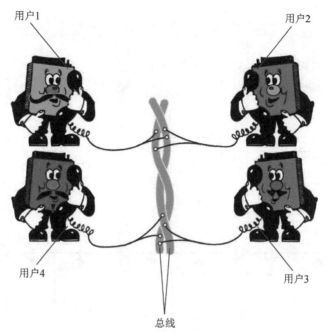

图 2-9 CAN 总线数据传递原理

比如两个比特有 4 种组合,每种组合可以指定为一条信息(一个数据),并发往所有的控制单元。如表 2-1 中所示的信息为电动车窗(冷却液温度)的状态信息。

表 2-1 电动车窗、冷却液温度的状态信息

可能的组合	比特 1	比特 2	二进制表示	电动车窗信息	冷却液温度
1	0 V	0 V	00	运动中	10℃
2	0 V	5 V	01	未运动	20℃
3	5 V	0 V	10	范围以内	30℃
4	5 V	5 V	11	全关闭,确认到达上止点	40℃

例如 1800 r/min 的发动机转速,用一连串的二进制数(0 和 1)表示,可以用 00010101 表示,如图 2-10 所示。发送前,控制单元 A 先把二进制数值转换成串行比特流,然后通过 TX 导线(发送线路)把比特流发送至发射接收器,发射接收器把比特流转换成相应的电压值,然后把这些电压值一个接一个地通过总线传送。在接收过程中,发射接收器把电压值重新转换并通过 RX 导线(接收线路)把它们送至控制单元,然后控制单元再把串行二进制数转换成信息,即把 00010101 转换成 1800 r/min。

每条 CAN 总线的数据传递都包含着 5 个过程:提供数据、发送数据、接收数据、检查数据、接受数据。

① 提供数据:控制单元向 CAN 控制器提供需要发送的数据。

② 发送数据:CAN 收发器接收由 CAN 控制器传来的数据,转为电信号并发送。

③ 接收数据:CAN 系统中,所有控制单元转为接收器。

④ 检查数据:控制单元检查判断所接收的数据是否为所需要的数据。

⑤ 接受数据:如接收的数据重要,它将被接受并进行处理,否则忽略。

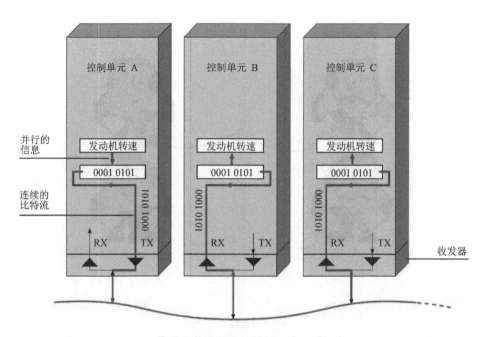

图 2-10 CAN 总线上的信息交换

控制单元首先向 CAN 控制器提供需要发送的数据，CAN 收发器接收由 CAN 控制器传来的数据，并转化为电信号发送到数据总线上。在 CAN 系统中，所有控制单元内部都含有接收数据总线上的数据，并将编码数据分解成可以使用的数据的接收器。各控制单元判断接收的数据是否为本控制单元所需要的数据，如需要，它将被接受并进行处理，否则给予忽略，如图 2-11 所示。

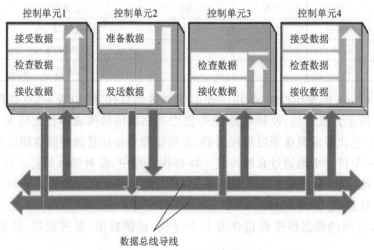

图 2-11 CAN 总线数据传递过程

例如，发动机控制单元向自动变速器控制单元发送冷却液温度信号，自动变速器 CAN 收发器接收到由发动机控制单元传来的冷却液温度信号后，转换信号并发给自动变速器控制单元内部的控制器，在此项数据传递过程中，其他控制单元收发器均接收到此数据，但是要检查判断此数据是否是所需要的数据，如果不是将被忽略掉。

因为 CAN-BUS 采用多主串行数据传递方式，如果有多个控制器同时需要发出信号，那么在总线上一定会发生数据冲突。为了避免出现数据冲突，当出现多个控制器同时发送信号的情况时，系统就必须决定哪个控制单元首先进行发送，哪个控制单元等待发送。CAN 总线采取的措施是：每个控制单元在发送信号时，通过数据帧状态域（仲裁域）的状态来识别数据优先权，具有最高优先权的数据，首先发送。

当多个控制单元同时发送数据时，在数据传输线上由左到右对表示优先级别的 11 位数字进行逐一比较。如果一个控制单元发送了一个低电位（用"1"表示）而检测到一个即将接收的高电位（用"0"表示），那么，该控制单元就停止发送而转变为接收状态；如果一个控制单元向外发送高电位（用"0"表示），而同时，另一个控制单元向外发送低电位（用"1"表示），则数据传输线将体现高电位（用"0"表示）。

例如，发动机控制单元要发送的数据为"00101000000"，自动变速器控制单元要发送的数据为"01000100000"，ABS 控制单元要发送的数据为"00011010000"，那么，数据传输线将如何传递这些数据呢？

首先，三串数据的第一位均为"0"，数据传输线上也体现为"0"；此时比较三个数据的第二位数字，自动变速器控制单元准备向外发送"01000100000"，因此，自动变速器控制单元发送了一个低电位（用"1"表示），而接收一个高电位（用"0"表示），那么，自动变速器控制单元将失去优先权，而转为接收状态，数据传输线传送"0"；再比较第三位数字，发动机控制单元准备向外发送"1"，而 ABS 控制单元准备向外发送"0"，同理，发动机控制单元将失去优先权而转为接收状态，数据传输线传输"0"，如图 2-12 所示。

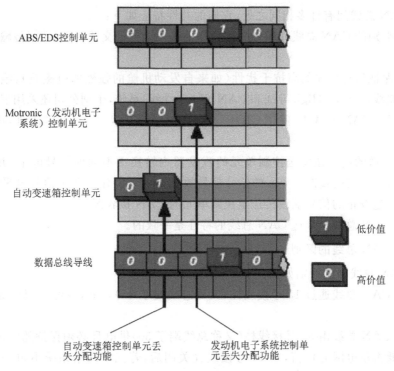

图 2-12 CAN 总线数据传递优先权示意图

通过比较三个数据的状态域，可以确定 ABS 控制单元具有最高优先权，从而可以接管数据总线的控制权，该优先权保证其持续发送数据直至发送终了。ABS 控制单元结束发送数据后，因发动机控制单元的优先权高于自动变速器控制单元，所以数据总线的发送次序是：首先发送 ABS 控制单元数据，然后发送发动机控制单元数据，最后发送自动变速器控制单元数据。

在 CAN 总线数据传递中，基于安全考虑，由 ABS/EDL 控制单元提供的数据（驾驶安全）比自动变速器控制单元提供的数据（驾驶舒适）更重要，因此其具有更高的优先权。

2.1.4 汽车车载 CAN 总线分类

由于 CAN 总线在汽车上的具体应用领域（系统）和数据传输速率不同，CAN 总线有不同的类别。另外，对于功能相同或相近的 CAN 总线，不同的汽车公司，对其称谓也不尽相同。如大众汽车集团的 CAN 总线分为驱动 CAN 总线、舒适 CAN 总线、信息 CAN 总线三类，而宝马汽车集团的 CAN 总线分为 PT-CAN 总线（动力传输 CAN 总线）、F-CAN 总线（底盘 CAN 总线）、K-CAN 总线（车身 CAN 总线）三类，奔驰汽车公司的 CAN 总线分为 CANB 总线、CANC 总线两大类。

1. 大众集团的 CAN 总线

目前，德国大众汽车集团公司生产的汽车中使用多种 CAN 总线，根据信号的重复率、产生的数据量和可用性（准备状态），CAN 总线系统分为驱动 CAN 总线、舒适 CAN 总线、信息 CAN 总线、诊断 CAN 总线，等等。

2. 不同 CAN 总线的共性

不同 CAN 总线间有许多相同之处，它们的共性特征如下：

① 不同类别的 CAN 总线在数据高速公路上采用同样的交通规则（数据传输协议）进行数据传输。

② 为了保证信息传输的高抗干扰性（如来自发动机舱的强烈的电磁波），绝大多数 CAN 总线都采用双线（CAN-High 导线和 CAN-Low 导线）系统，个别公司还采用三线系统（如宝马车系，其 PT-CAN 总线中，除了 CAN-High 导线和 CAN-Low 导线之外，还有一根唤醒导线）。

③ 将要发送的信号在发送控制单元的收发器内转换成不同的信号电平，并输送到两条 CAN 导线上，只有在接收控制单元的差分信号放大器内才能建立两个信号电平的差值，并将其作为唯一经过校正的信号继续传送至控制单元的 CAN 接收区。

④ 信息 CAN 总线与舒适 CAN 总线的特性是一致的。

3. 不同 CAN 总线的区别

不同 CAN 总线间的区别如下：

① 高速 CAN 总线通过 15 号接线柱（又称总线端子 15）切断，或经过短时无载运行后自行切断。

② 低速 CAN 总线由 30 号接线柱（又称总线端子 30）供电且必须保持随时可用状态。为了尽可能降低汽车电网的负荷，在 15 号接线柱关闭后，若汽车网络系统不再需要低速 CAN 总线工作，那么低速 CAN 总线就进入休眠模式。

③ 低速 CAN 总线一条导线短路或一条导线断路时，可以使用另外一条导线继续工作，这

时系统会自动切换到单线工作模式。也就是说,低速 CAN 总线可以单线工作(俗称"瘸腿"工作)。

④ 高速 CAN 总线的电信号与低速 CAN 总线的电信号是不同的。高速 CAN 总线无法与低速 CAN 总线直接进行电气连接,但可以通过网关连接在一起,构成一个更大的网络。网关可以设置在某一个控制单元(如组合仪表控制单元或供电控制单元)内,也可以独立设置,形成网关模块。

2.1.5 诊断总线

1. K 诊断总线

早年的奥迪、大众车系使用 K 诊断总线(简称 K 线)传输故障信息。K 诊断总线用于汽车故障检测仪与相应控制单元之间的信息交换,负责网关与故障诊断接口之间的通信,如图 2-13 所示。

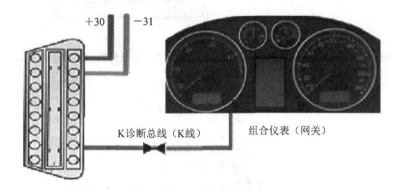

图 2-13 K 诊断总线负责网关与诊断数据接口之间的通信

故障信息存储在控制单元的存储器中,将故障检测仪连接到故障诊断接口上,也就实现了故障检测仪与 K 诊断总线的连接。由此,就可以读出相应的故障信息,并进行故障诊断。

2. 大众车系的诊断 CAN 总线

(1)"虚拟 K 线"——诊断 CAN 总线

随着汽车技术的不断进步,汽车上的控制单元越来越多,诊断系统需要传输的数据量也越来越大,K 诊断总线已经无法满足信息传输流量和传输速率的要求。

2000 年后,奥迪车系、大众车系开始采用汽车诊断、测量和信息系统 VAS5051 或汽车诊断和服务信息系统 VAS5052 来进行自诊断,并通过诊断 CAN 总线完成诊断控制单元和车上其他控制单元之间的数据交换。早期使用的诊断总线(K 线或 L 线)就不再使用了(与废气排放监控相关的控制单元除外),由诊断 CAN 总线取而代之。

诊断 CAN 总线也是未屏蔽的双绞线,其截面面积为 0.35 mm²,CAN-Low 导线是橙/褐色,CAN-High 导线是橙/紫色。在全双工模式时,数据传输速率为 500 kbit/s。也就是说,诊断 CAN 总线可以双向同时传输数据(全双工指可以同时进行信号的双向传输,即 A→B 且 B→A)。

在图 2-14 和图 2-15 所示的车载网络系统中,各个控制单元的诊断数据经各自的数据总线传输到网关 J519 或 J533，再由网关利用诊断 CAN 总线传输到故障诊断接口。通过诊断 CAN 总线和网关的快速数据传输，诊断控制单元就可在连接到车上后快速显示出车上所装元件及其故障状态。

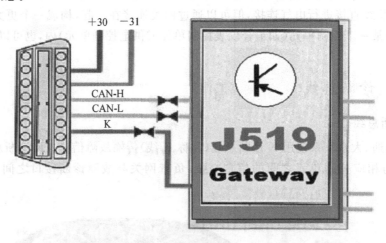

图 2-14　诊断数据经网关(J519)利用诊断 CAN 总线传输到故障诊断接口

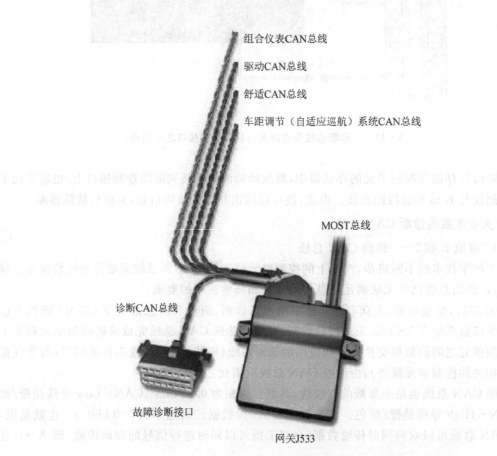

图 2-15　诊断数据经网关(J533)利用诊断 CAN 总线传输到故障诊断接口

随着诊断 CAN 总线的推广应用,大众汽车集团已经逐步淘汰了控制单元内部的故障存储器(K 线存储器)。因为诊断 CAN 总线承担着原来 K 线的任务,因此,为了"缅怀"K 线,习惯上也将诊断 CAN 总线称为"虚拟 K 线"。

(2) 新型诊断接口

新型诊断接口的针脚布置如图 2-16 所示,各个针脚的用途见表 2-2。由表 2-2 可见,新型诊断接口仍然保留了 K 线和 L 线的针脚,以确保系统的向下兼容功能。

图 2-16 新型诊断接口的针脚布置

表 2-2 新型诊断接口的针脚用途

针脚(Pin)号	导线	针脚(Pin)号	导线
1	15 号接线柱	7	K 线
2~3	暂未使用	8~13	暂未使用
4	接地	14	诊断 CAN 总线(CAN-Low 导线)
5	接地	15	L 线
6	诊断 CAN 总线(CAN-High 导线)	16	30 号接线柱

图 2-17 为汽车故障诊断仪与故障诊断接口的连接示意图,从图中既可以看出诊断连接导线的作用(用于连接新型诊断接口和汽车故障诊断仪),又可以看出故障信息的传输过程。

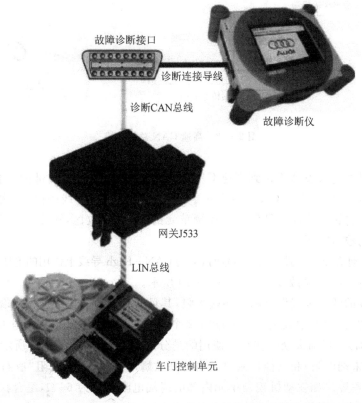

图 2-17 汽车故障诊断仪与故障诊断接口的连接示意图

2.2 汽车车载高速 CAN 总线的检修

2.2.1 汽车车载高速 CAN 总线系统的认知

1. 汽车车载高速 CAN 总线系统的组成

高速 CAN 总线系统由内置控制器和收发器的控制单元、数据传输导线、数据传输终端组成。控制器和收发器都集成在控制单元内部,如图 2-18 所示。

CAN 控制器负责接收处理电控单元传来的数据信息,将其转发给收发器。同时接收收发器截取的数据信息,进行处理,再将其传送给电控单元。

收发器是发送器和接收器的组合,集成在控制单元内部,同时具有接收和发送信息的功能,能将控制器传来的数据转化为电信号发送到数据传输线。

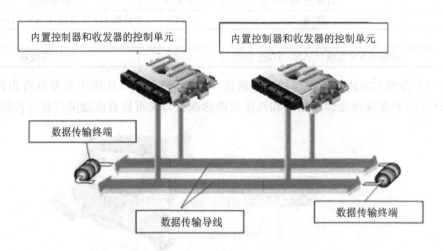

图 2-18 高速 CAN 总线组成

控制单元是通过收发器连接到高速 CAN 总线上的。在收发器内部的接收器一侧设有差动信号放大器,用于处理来自 CAN-High 导线和 CAN-Low 导线的信号,除此以外,差动信号放大器还负责将转换后的信号传送至控制单元的 CAN 接收区,这个转换后的信号称为差动信号放大器的输出电压。

收发器的差动信号放大器在处理信号时,会用 CAN-High 导线上作用的电压减去 CAN-Low 导线上作用的电压,具体的处理过程如图 2-19 所示。

在数据总线的两个末端设有两个终端电阻,其目的是为了防止数据在终端被反射,影响数据的传输。最初的 CAN 总线的 2 个末端有 2 个终端电阻,终端电阻一般连接在双绞线的两端(120 Ω 电阻器)。目前大众一些车型使用的是分配式电阻,如图 2-20 所示,即发动机控制单元内的(中央末端电阻)和其他控制单元内的高欧姆电阻,将终端电阻"散布"于各个控制单元内部,且阻值不等。如发动机控制单元内部的终端电阻阻值为 66 Ω,组合仪表和 ABS 控制单元内部的终端电阻阻值为 2.6 kΩ。

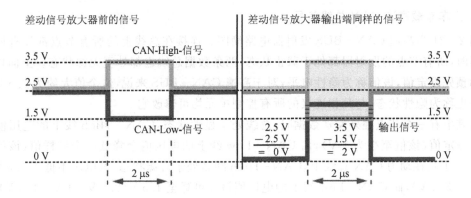

图2-19 差动信号放大器内的信号处理

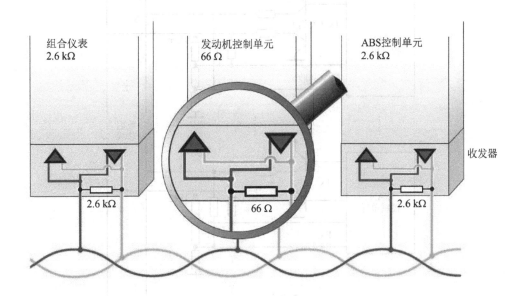

图2-20 大众一些车型总线分配式电阻

数据传输线用来传输信息数据,由高低双绞线组成。分为CAN高位数据线(CAN - High)和CAN低位数据线(CAN - Low),为防止外界电磁波的干扰和避免向外辐射,这两条总线是缠绕在一起的。

高速CAN总线的特点有如下4个:

①高速CAN总线的传输速率为500 kbit/s,用于将高速CAN总线方面的控制单元联成网络。

②高速CAN总线系统由15号电激活,无数据传输时的基础电压值约为2.5 V。

③传输导线颜色:高速CAN传输导线由CAN - High 橙/黑和CAN - Low 橙/棕组成,线径为 0.35 mm^2。

④任何一根CAN传输导线断路,则高速CAN总线将无法工作。

2. 汽车车载高速 CAN 总线信号

图 2-21 为高速 CAN-BUS 发射器电路简图。连接在总线上的所有节点都没有往外发送数据时,所有节点的发射器都处于截止状态,两条数据总线也都处于无源状态。上面作用着相同的预先设定值,该值称为隐性电平,对于高速 CAN-BUS 来说,这个值大约为 2.5 V。隐性电平也称为隐性状态,与其相连接的所有控制单元均可修改它。

当其中有一个节点往外发送数据时,总线处于显性状态,CAN-High 线上的电压值会升高一个预定值(该值至少为 1 V),而 CAN-Low 线上的电压值会降低一个同样值(该值至少为 1 V)。于是在动力 CAN 总线上,CAN-High 线就处于有源状态,其电压不低于 3.5 V(2.5 V+1 V=3.5 V),而 CAN-Low 线上的电压值最多可降至 1.5 V(2.5 V−1 V=1.5 V)。

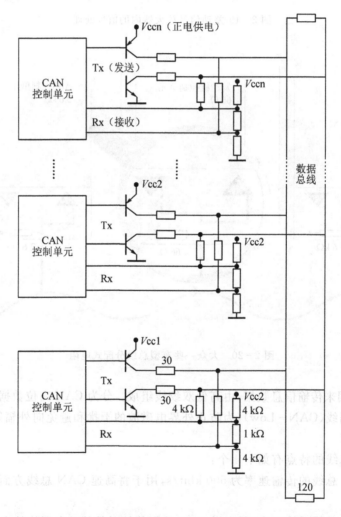

图 2-21 高速 CAN-BUS 发射器电路简图

如图 2-22 所示,高速 CAN 总线处于静止状态(即没有数据传输)时,CAN-High 导线和 CAN-Low 导线两条导线上作用有预先设定的电压,其电压值约为 2.5 V。

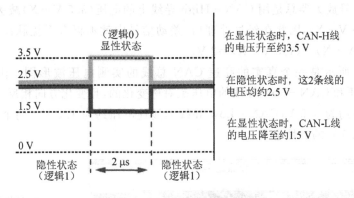

图 2-22　CAN 导线上的电压

在高速 CAN 总线上，CAN-High 导线处于激活状态（显性状态）时，其电压不低于 3.5 V（2.5 V+1 V=3.5 V），而 CAN-Low 导线上的电压值最多可降至 1.5 V（2.5 V-1 V=1.5 V）。在隐性状态时，CAN-High 导线与 CAN-Low 导线上的电压均为 2.5 V 左右，压差为 0 V，在显性状态时该差值最低为 2 V，详见表 2-3。

表 2-3　高速 CAN 差分电压及信号传递表

状态	CAN-High	CAN-Low	差分电压	数字信号
显性	3.5 V	1.5 V	2 V	0
隐性	2.5 V	2.5 V	0 V	1

由于 CAN 总线线束要布置在发动机舱内，所以 CAN 总线难免会遭受各种电磁干扰。在对车辆进行维修、保养时要充分考虑线束对地短路（搭铁）和蓄电池电压、点火装置的火花放电和静态放电等因素对 CAN 总线的干扰。CAN-High 信号和 CAN-Low 信号经过差动信号放大器处理后（就是所谓的差动传输技术），可最大限度地消除干扰的影响。即使车上的供电电压有波动（如起动发动机时），也不会影响各个控制单元的数据传输，这就大大提高了数据传输的可靠性。如图 2-23 所示，可清楚地看到这种传输的效果。由于 CAN-High 导线和 CAN-Low 导线是扭绞在一起的双绞线，所以干扰脉冲信号 X 对 CAN-High 导线和 CAN-Low 导线的作用是等幅值、等相位、同频率的。

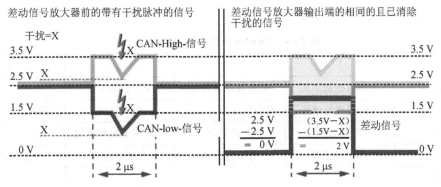

图 2-23　CAN 总线对外界干扰信号的消除过程

由于差动信号放大器总是用 CAN-High 导线上的电压(3.5 V−X)减去 CAN-Low 导线上的电压(1.5 V−X),因此在经过处理后,差动信号中就不再有干扰脉冲了。用数学关系式表示是:(3.5 V−X)−(1.5 V−X)=2 V。

如图 2-24 所示是一个真实的高速 CAN 总线的实测电压波形图。由图可见,CAN-High 导线的电压和 CAN-Low 导线的电压是对称变化的,且变化方向相反。CAN-High 导线上的显性电压约为 3.5 V,CAN-Low 导线的显性电压约为 1.5 V。两个电平之间的叠加信号变化表示 2.5 V 的隐性电平。

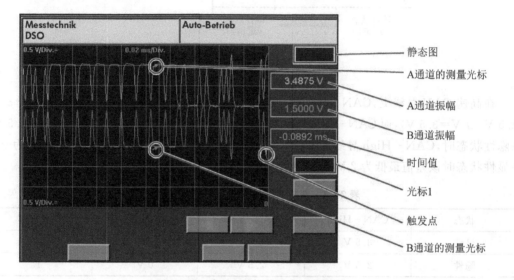

图 2-24 高速 CAN 总线实测波形图

在高速 CAN 中,只要有一条总线线路出现断路、短路或两线相互短路,则整个总线都失效,所有节点都无法通信。

2.2.2 汽车车载高速 CAN 总线的检测

1. 汽车车载高速 CAN 总线的诊断仪检测

诊断仪检查一般通过读取网关的故障记录来进行。在网关菜单中可读取故障码和测量数据块,厂家不同、车型不同、配置不同,数据流的名称和内容也都不完全相同,如表 2-4 所示为大众 Phaeton 车的高速 CAN 数据流。

表 2-4 Phaeton 车的高速 CAN 数据流

	1	2	3	4
125	发动机控制单元	变速器控制单元	ABS 控制单元	—
126	转向角度传感器	安全气囊控制单元	电动转向	柴油泵控制单元
127	中央电气	全轮驱动	车距调节电气系统	—
128	蓄电池管理	电子点火锁	自水平调节	减振调节
129	—	—	—	—

数据流检测结果含义如下：

xxxCU1＝被检测控制单元收到 xxxCU 控制单元信息；

xxxCU0＝被检测控制单元没有收到 xxxCU 控制单元信息，但检查已执行；

空＝xxxCU 没有正确编码。

2. 汽车车载高速 CAN 总线的终端电阻检测

高速 CAN 终端电阻根据车辆不同，布置方式也不相同。一种是在 CAN 总线末端 CAN - High 和 CAN - Low 之间，另一种采用分配式终端电阻。

高速 CAN 终端电阻连接在高速 CAN 总线末端 CAN - High 和 CAN - Low 之间，如图 2-25 所示。动力 CAN 总线中带有终端电阻的两个控制单元是接通的，测量的结果是每一个终端电阻大约为 120 Ω，总的阻值为 60 Ω。通过该测量值可以得出判断，连接电阻是正常的。特别要注意的是：终端电阻不一定都约为 120 Ω，相应的阻值依赖于总线的结构。

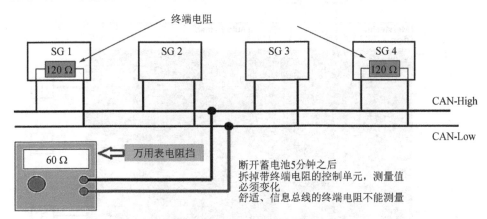

图 2-25 高速 CAN 终端电阻的检测

采用分配式的终端电阻一般不再是一个固定阻值的电阻，而是由很多个被测量的电阻组合在一起，总的阻值依赖于车辆的总线结构，因此终端电阻是根据车型设计的。例如大众集团使用的是分配式电阻，即发动机控制单元内的"中央末端电阻"和其他控制单元内的高欧姆电阻。发动机控制单元会在 CAN 驱动数据总线的 CAN - High 线和 CAN - Low 线之间形成 66 Ω 的电阻，所有其他控制单元均可在数据总线上产生 2.6 kΩ 的电阻。根据连接的控制单元数量，所有控制单元形成的总电阻为 53～66 Ω。如果 15 号接线柱（点火开关）已切断，就可以用欧姆表测量 CAN - High 线和 CAN - Low 线之间的电阻了。

终端电阻的测量步骤如下：

① 关闭点火开关，断开蓄电池正负极电缆；

② 等待约 5 min，直到所有的电容器充分放电；

③ 连接测量仪器或把万用表的红黑表笔分别连接在 CAN - High 线和 CAN - Low 线上，测量总阻值；

④ 将一个带有终端电阻的控制单元插接件拔下，重新测量总阻值是否发生变化；

⑤ 把拔下的控制单元插接件插好，再将另一个有终端电阻的控制单元插接件拔下，测量总阻值是否变化；

⑥ 分析测量结果。

3. 汽车车载高速 CAN 总线的电压检测

由图 2-24 可知,高速 CAN 的 2 根数据线上面的电压值是对称变化的,所以我们可以通过数字万用表的电压挡大致判断数据总线的信号传输是否存在故障,但需要注意这样只能反映被测信号的主体信号,不能显示信号的每一个细节。高线电压一般略大于 2.5 V,低线电压一般略小于 2.5 V。

4. 汽车车载高速 CAN 总线的波形检测

利用示波器进行高速 CAN 波形检测时,我们一般都采用双通道来进行。即一个通道的测量线连接 CAN - High 线,负极接地;另一个通道的测量线接 CAN - Low 线,负极同样接地。高速 CAN 的波形图含义如图 2-26 所示。

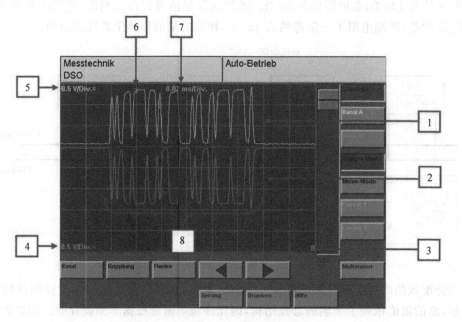

图 2-26 高速 CAN 的波形图含义

图中:

|1|—通道 A 测量 CAN - High 线。

|2|—通道 B 测量 CAN - Low 线。

|3|—通道 A 和通道 B 的零线坐标置于等高(黄色的零标记被绿色的零标记所遮盖)。在同一零坐标线下对电压值进行分析更为简便。

|4|—通道 B 的电压/单位的设定。在 0.5 V/单位值的设定下,示波器的显示能较好地利用,便于电压值的读取。

|5|—通道 A 的电压/单位的设定。在 0.5 V/单位值的设定下,示波器的显示能较好地利用,便于电压值的读取。

|6|—触发点的设定,位于被测定信号的范围内。CAN - High 信号在 2.5~3.5 V 之间,

CAN-Low 信号在 1.5～2.5 V 之间。

7—时间单位值应尽可能选择得小一些,以便能够看到一条完整的信息波形图。

8—显示为一条信息。

CAN-BUS 的信息传送通过两个逻辑状态 0(显性)和 1(隐性)来实现,每一个逻辑状态都对应于相应的电压值,控制单元应用其电压差值获得数据,如图 2-27 所示。

1—通道 A 和通道 B 的零线,通道 B 的绿色零标记遮盖了通道 A 的黄色零标记。

2—CAN-High 的隐性电压电位大约为 2.6 V(逻辑值 1)。

3—CAN-High 的显性电压电位大约为 3.8 V(逻辑值 0)。

4—CAN-Low 的隐性电压电位大约为 2.4 V(逻辑值 1)。

5—CAN-Low 的显性电压电位大约为 1.2 V(逻辑值 0)。

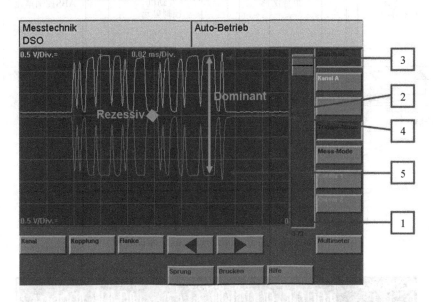

图 2-27 高速 CAN 的信息传递波形

高速 CAN 两条线的对地显隐性电压如表 2-5 所示,数据传输总是利用两条线的电压差确认数据。当 CAN-High 的电压值上升时,相应 CAN-Low 的电压值下降。正如波形显示图所示,CAN-BUS 仅有两种工作状态,在隐性电压电位时,两个电压值很接近,在显性电压电位时,两个电压差值约为 2.5 V,电压值大约有 100 mV 的小波动。

表 2-5 高速 CAN 总线对地显隐性电压表

电位	$U_{\text{CAN-High-对地}}$	$U_{\text{CAN-Low-对地}}$	电压差
显性	3.8 V(3.5 V)	1.2 V(1.5 V)	2.6 V(2.5 V)
隐性	2.6 V(2.5 V)	2.4 V(2.5 V)	0.2 V(0 V)

2.2.3 汽车车载高速 CAN 总线常见故障波形

在 CAN 总线检测中示波器具有不可代替的作用,可以让我们看到总线上传输的信号,分析上面运行的数据是否正常,还可看出哪里出现了问题。下面一一分析高速 CAN-BUS 的各种故障波形。常见的高速 CAN-BUS 的故障主要有以下几种:

1. 汽车车载高速 CAN-Low 导线断路

由于 CAN-Low 导线断路,如图 2-28 所示,导致电流无法再流向中央终端电阻通过 CAN-High 导线,两条导线均出现接近 5 V 的电压。如果还有其他控制单元在工作,那么图中显示出的电平就会与 CAN-Low 线上的正常电压一同变化,如图 2-29 的右边缘所示。

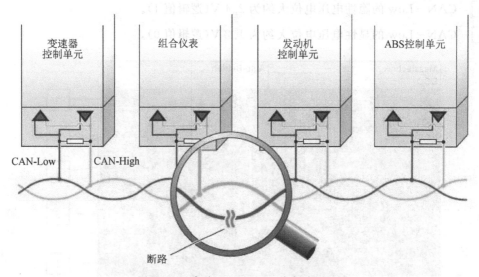

图 2-28 高速 CAN-Low 线断路原理图

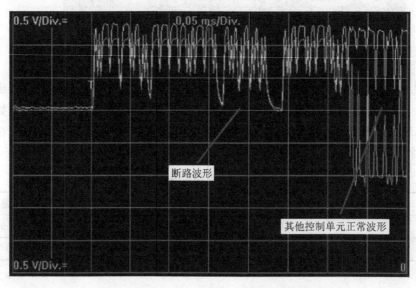

图 2-29 高速 CAN-Low 线断路波形图

这个故障的一个重要特征就是在CAN-Low通道出现高于2.5 V的电压,而正常工况下是没有这个电压的。

故障查寻的其他方法:
①拔下相应控制单元的插头,检查触点是否弯曲。
②再次插上插头,查询故障存储器。
③如果还是显示有故障,再次拔下通信有故障的控制单元插头。
④查看一下电路图,将与有故障的控制单元直接相连的控制单元插头拔下。
⑤对于CAN-Low线来说,检查插头内针脚之间的连接是否断路。

2. 汽车车载高速CAN-High导线断路

由于CAN-High线断路,导致电流无法再流向中央终端电阻通过CAN-Low线,两条导线电压均接近1 V。如果还有其他控制单元在工作,那么图中显示出的电平就会与CAN-High线上的正常电压一同变化,如图2-30的两侧波形所示。

这时示波器上的故障图像就像把CAN-Low断路波形向下进行了翻转,CAN-High线波形变化范围很大且杂乱无章,典型特征是CAN-High线出现低于2.5 V的电压波形。

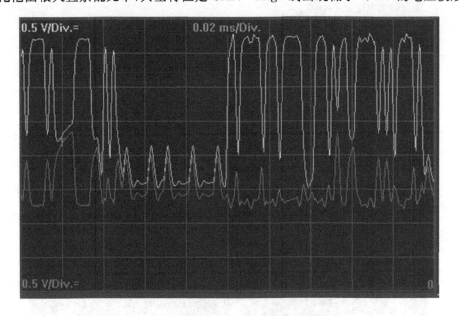

图2-30 高速CAN-High线断路波形图

3. 汽车车载高速CAN-Low线对蓄电池正极短路

高速CAN-Low线对蓄电池正极短路,如图2-31所示。

高速CAN-Low线对正极短路,两条总线电压大约均为12 V,CAN-High线上的电压大约低1.5 V左右,故障波形图如图2-32所示。

该故障的判断方法:
①通过插拔高速CAN总线上的控制单元可以判断是否由于控制单元引起。
②线路短路引起的短路,需要将CAN线组(CAN-Low)从线节点处依次拔取,同时注意示波器波形图。当故障线在节点被取下后,波形恢复正常,说明故障出现在该段线上。

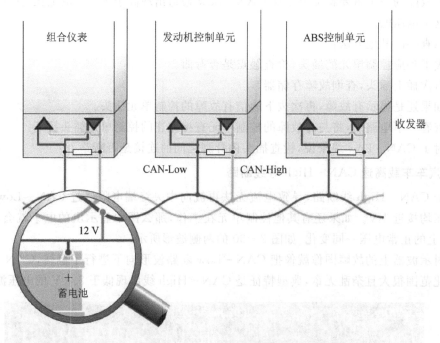

图 2-31　高速 CAN-Low 线对蓄电池正极短路

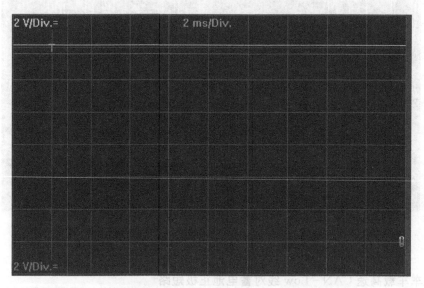

图 2-32　高速 CAN-Low 线对蓄电池正极短路波形图

4. 汽车车载高速 CAN-High 线对蓄电池正极短路

高速 CAN-High 线对正极短路，高速 CAN-High 线的电压电位被置于 12 V，高速 CAN-Low 线上的电压大约低 1.5 V 左右，这是由于在控制单元的收发器内的 CAN-High 导线和 CAN-Low 导线的内部错接引起的。CAN-High 线对蓄电池正极短路故障波形图如图 2-33 所示。

该故障的判断方法：

①通过插拔高速 CAN 总线上的控制单元可以判断是否由于控制单元引起。

②线路短路引起的短路，需要将 CAN 线组（CAN-High）从线节点处依次拔取，同时注意示波器波形图。当故障线在节点被取下后，波形恢复正常，说明故障出现在该段线上。

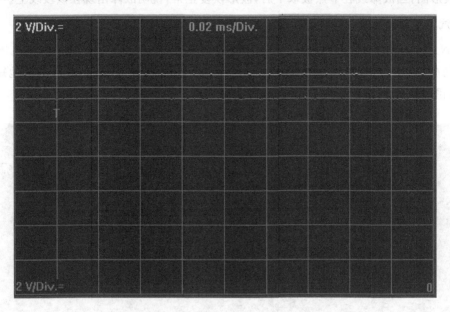

图 2-33　高速 CAN-High 线对蓄电池正极短路故障波形图

5. 汽车车载高速 CAN-Low 线对地短路

高速 CAN-Low 线对地短路，CAN-Low 线的电压大约为 0 V，高速 CAN-High 线的隐性电压也被降至 0 V，高速 CAN-Low 线对地短路故障波形图如图 2-34 所示。

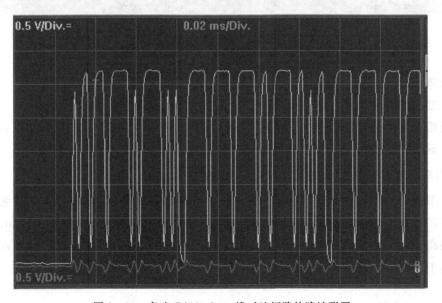

图 2-34　高速 CAN-Low 线对地短路故障波形图

该故障的判断方法：

①通过插拔高速 CAN 总线上的控制单元可以判断是否由于控制单元引起。

②线路短路引起的短路,需要将 CAN 线组(CAN – Low)从线节点处依次拔取,同时注意示波器波形图,当故障线在节点被取下后,波形恢复正常,说明故障出现在该段线上。

6. 汽车车载高速 CAN – High 线对地短路

CAN – High 线对地短路,CAN – High 线的电压位于 0 V,CAN – Low 线的电压也位于 0 V,可是在 CAN – Low 线上还能够看到一小部分的电压变化。CAN – High 线对地短路故障波形图如图 2 – 35 所示。

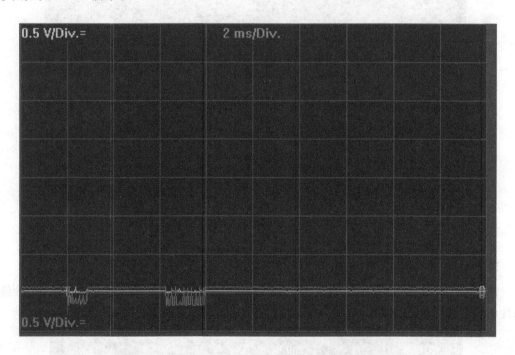

图 2 – 35　高速 CAN – High 线对地短路故障波形图

该故障的判断方法：

①通过插拔高速 CAN 总线上的控制单元可以判断是否由于控制单元引起。

②线路短路引起的短路,需要将 CAN 线组(CAN – High)从线节点处依次拔取,同时注意示波器波形图,当故障线在节点被取下后,波形恢复正常,说明故障出现在该段线上。

7. 汽车车载 CAN – Low 线与 CAN – High 线交叉短路

汽车车载 CAN – Low 线与 CAN – High 线的交叉短路一般是由于维修人员疏忽大意,将高速 CAN – High 线和高速 CAN – Low 线装混了,如图 2 – 36 所示,此时 CAN – Low 线上会出现一条高于 2.5 V(静电平)的电压波形曲线,如图 2 – 37 所示(在示波器左侧,CAN – Low 线电压高于 2.5 V)。

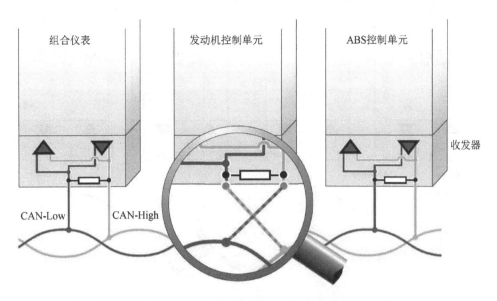

图 2-36 高速 CAN-High 线和 CAN-Low 线交叉短路

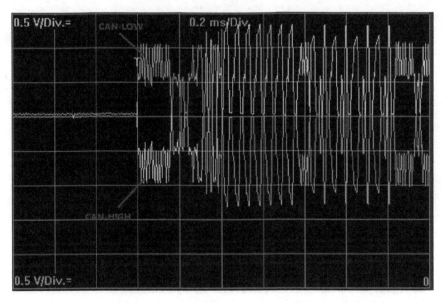

图 2-37 高速 CAN-High 线和 CAN-Low 线交叉短路波形图

8. 汽车车载高速 CAN-High 线与 CAN-Low 线短路

高速 CAN-High 线与 CAN-Low 线短路如图 2-38 所示,波形图如图 2-39 所示。

高速 CAN-High 线与 CAN-Low 线短路时,电压电位置于隐性电压值(大约 2.5 V)。该故障可以通过插拔高速 CAN 总线上的控制单元判断是否由于控制单元引起。若不是控制单元引起的,则为线路短路引起的,需要将 CAN 线组(CAN-High 线和 CAN-Low 线)从线节点处依次拔取,同时注意示波器的波形。当故障线在节点被取下后,波形恢复正常,说明故障出现在该段线上。

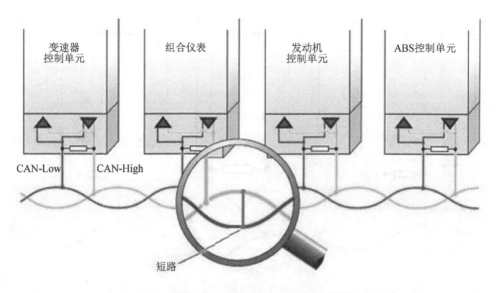

图 2-38 高速 CAN-High 线与 CAN-Low 线短路

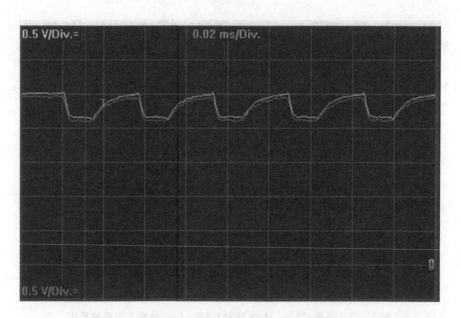

图 2-39 高速 CAN-High 线与 CAN-Low 线短路波形图

2.3 汽车车载低速 CAN 总线的检修

2.3.1 汽车车载低速 CAN 总线系统特点

低速 CAN 总线系统由控制器、收发器、数据传输导线组成,各部分的工作详见高速 CAN 系统的组成,这里不再赘述。

低速 CAN 总线的特点:

①低速 CAN 总线也是双线式数据总线,其传输速率为 100 kbit/s,低速 CAN 总线所控制的控制单元(如全自动空调/空调控制单元、车门控制单元、舒适控制单元、收音机和导航显示控制单元等)连成网络。

②低速 CAN 总线系统由 30 号电激活。

③传输导线颜色:低速 CAN 传输导线由 CAN-High 橙/绿(橙/紫)和 CAN-Low 橙/棕组成,线径为 0.35 mm²。

④若某一根 CAN 传输导线断路,低速 CAN 总线可以单线继续工作。

⑤控制单元通过低速 CAN 总线的 CAN-High 导线和 CAN-Low 导线来进行数据交换,如车门打开/关闭、车内灯点亮/熄灭、车辆导航系统(GPS)等。

2.3.2 汽车车载低速 CAN 总线信号

1. 汽车车载低速 CAN 总线上的信号电压

如图 2-40 所示,为低速 CAN-BUS 发射器的电路简图。低速 CAN 与高速 CAN 的发射器是不同的,发送的电平信号也不一样,这是为了增强抗干扰性和降低电流消耗而做的一些改动。

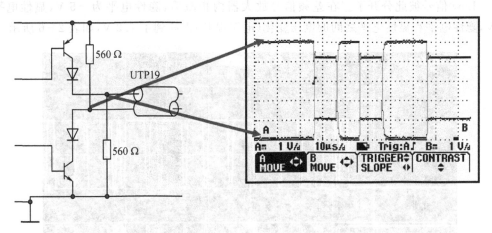

图 2-40 低速 CAN-BUS 发射器的电路简图

首先,由于使用了单独的驱动器(功率放大器),这两个 CAN 信号就不再有彼此依赖的关系。与动力 CAN 总线不同,低速 CAN 总线的 CAN-High 线和 CAN-Low 线不是通过电阻相连的。也就是说,CAN-High 线和 CAN-Low 线不再彼此相互影响,而是彼此独立作为电压源工作,当某一条总线出现断路、短路或相互短路时,另一条总线还可以继续传送数据(单线模式)。

另外,其电压也发生了变化,在隐性状态(静电平)时,CAN-High 信号为 0 V,在显性状态时不小于 3.6 V;对于 CAN-Low 信号来说,隐性电平为 5 V,显性电平不大于 1.4 V,如图 2-41 所示。

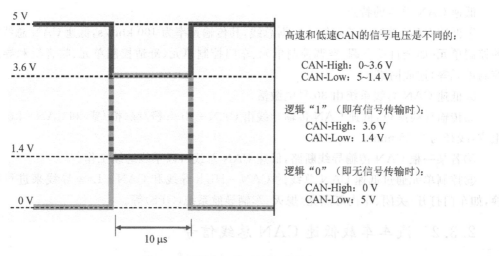

图 2-41 低速 CAN 导线上的电压

2. 汽车车载低速 CAN 总线上的信号波形

图 2-42 中所示的是低速 CAN-BUS 标准波形图,为了更加直观,CAN-High 信号和 CAN-Low 信号彼此分开了。在差频信号放大器内相减后,隐性电平为 -5 V,显性电平为 2.2 V,隐性电平和显性电平之间的电压变化(电压提升)提高到了 7.2 V,如表 2-6 所示。

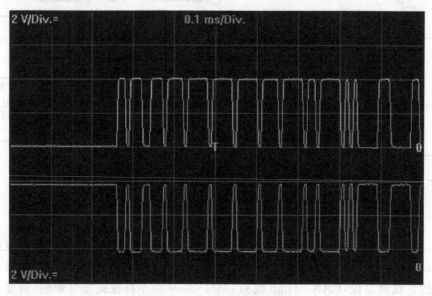

图 2-42 低速 CAN 标准波形

表 2-6 低速 CAN 差分电压及信号传递表

状态	CAN-High	CAN-Low	差分电压	数字信号
显性	3.6 V	1.4 V	2.2 V	1
隐性	0 V	5 V	-5 V	0

由图 2-42 可见,CAN-High 导线的电压和 CAN-Low 导线的电压是对称变化的,且变化方向相反。CAN-High 导线上的隐性电压为 0 V,显性电压约为 3.6 V;CAN-Low 导线的隐性电压为 5 V,显性电压约为 1.4 V。

3. 汽车车载低速 CAN 总线的单线工作

如果因断路、短路或与蓄电池电压相连而导致两条 CAN 导线中的一条不工作了,那么就会切换到单线工作模式。在单线工作模式下,只使用完好的 CAN 导线中的信号,这样就使得低速 CAN 总线仍可工作。同时,控制单元记录一个故障信息:系统工作在单线模式。低速 CAN 总线处于单线工作模式下的波形图如图 2-43 所示。

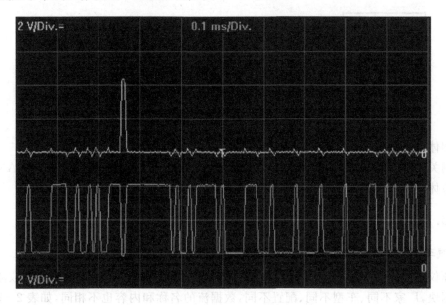

图 2-43 低速 CAN 单线工作波形图

4. 汽车车载低速 CAN 总线的休眠与唤醒

休眠模式,是指在发动机熄火一段时间后,整车自动进入一种用电量非常小的状态,因而也称为"低能耗模式"。休眠模式仅存在于低速 CAN(舒适 CAN 总线和信息娱乐 CAN 总线),高速 CAN(动力总线)系统不具有休眠模式。

休眠模式工作条件:

①当关闭点火开关,锁上车门 35 s 以后,或未锁车门不进行任何操作 10 min 以后,CAN 总线进入休眠模式。此时如果驱动总线仍处于信息传递过程中,低速总线不允许进入休眠模式,当舒适总线处于信息传递的过程中,娱乐和信息总线也不能进入休眠模式。

②在休眠状态时,整车运行电流由 150 mA 转为休眠电流 6~8 mA,给电子防盗系统供电。

③休眠时,低速 CAN 总线电压:CAN-Low 线为 12 V,CAN-High 线为 0 V,休眠模式状态时舒适 CAN 总线波形图如图 2-44 所示。

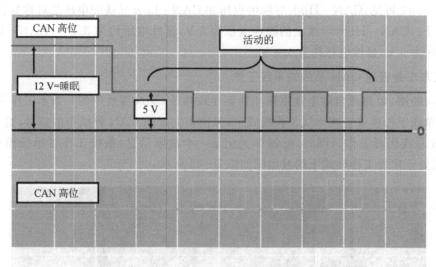

图 2-44 低速 CAN 的休眠波形图

唤醒休眠状态：

当网关接收到打开任一车门、发动机盖、后备箱盖或者操作遥控器的信号时，CAN 总线系统将结束休眠状态，系统内所有的控制单元被唤醒，唤醒电流大约为 700 mA。

2.3.3 汽车车载低速 CAN 总线的检测

1. 汽车车载低速 CAN 总线的诊断仪检测

诊断仪检查一般通过读取 19（网关）的故障记录来进行。在网关菜单中可读取故障码和测量数据块，厂家不同、车型不同、配置不同，数据流的名称和内容也不相同，如表 2-7 所示是 Phaeton 车的低速 CAN 数据流。

表 2-7 Phaeton 车的低速 CAN 数据流

低速 CAN——舒适数据总线			
130	单线/双线	中央舒适系统电气	司机车门控制单元	副司机车门控制单元
131	左后车门电气	右后车门电气	司机座椅记忆电气	中央电气
132	组合仪表	多功能方向盘	全自动空调	轮胎压力监控
133	车顶电气	副司机座椅记忆电气	后座椅记忆电气	驻车距离调节
134	驻车加热	电子点火锁	雨刮电气	—
135	挂车控制单元	前部中央操纵显示单元	后部中央操纵显示单元	—
低速 CAN——信息娱乐数据总线			
140	单线/双线	收音机	导航系统	电话
141	语音操纵	CD 换碟机	网关	Telematik
142	前部操纵显示单元	后部操纵显示单元	—	组合仪表
143	数字式音响系统	多功能方向盘	驻车加热	—

2. 汽车车载低速 CAN 总线的电压检测

由图 2-42 可知，低速 CAN 的 2 根数据线上面的电压值是对称变化的，所以我们可以通过数字万用表的电压挡大致判断数据总线的信号传输是否存在故障，但这样只能反映被测信号的主体信号。CAN-High 线信号在总线空闲时的电压约为 0 V，总线上有信号传输时，总线上的电压值在 0~3.6 V 之间高频波动，因此 CAN-High 线的主体电压应为 0 V，所以万用表的测量值为 0.35 V 左右。同理，CAN-Low 线信号在总线空闲时的电压约为 5 V。总线上有信号传输时，总线上的电压值在 1.4~5 V 之间高频波动，因此 CAN-Low 线的主体电压应是 5 V，所以万用表的测量值为 4.65 V 左右。

3. 汽车车载低速 CAN 总线的静态电流的检测

汽车静态电流是指车辆在静置（点火开关 OFF）时，蓄电池所供给的电流。简单来说，就是当汽车停止工作时，有些电子设备仍然在工作，只是消耗较少的电流，这就是静态电流。然而在低速 CAN 总线出现问题的状态下，将会导致低速 CAN 总线不能休眠，从而提高静态工作电流值，给蓄电池带来很大的负担，有时甚至会导致蓄电池过度亏电，致使汽车不能启动。休眠及唤醒蓄电池静态电流如图 2-45 和图 2-46 所示。

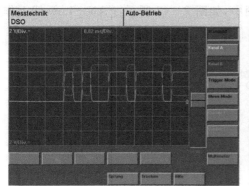
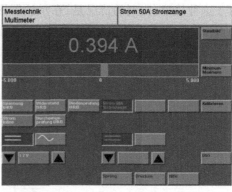

图 2-45 低速 CAN 休眠状态静态电流

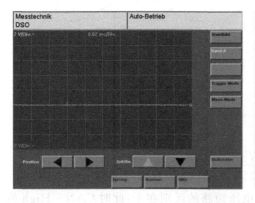
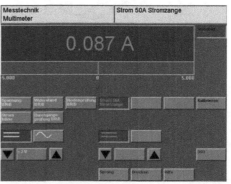

图 2-46 低速 CAN 激活状态静态电流

维修过程中,首先要判断过高的静态电流是由于一般性的电器故障引起的还是由于CAN总线的休眠/唤醒功能问题引起的。一般用传统的办法(拔保险丝)进行检查,判断故障是否是由于在电器线路内的故障引起的。如果不是该情况,则用示波器对CAN-BUS进行检测。确保车辆处于闭锁状态并注意观察示波器波形。如果总线未处于休眠状态(总线继续为激活状态),通过其他诊断方法进一步诊断。如果总线处于休眠状态(总线不再为激活状态),注意观察静态电流。如果静态电流还是同样的高,则问题为电器系统故障。如果静态电流变为正常,当总线处于睡眠状态时继续观察总线的情况,看是否在一定的时间下又处于唤醒的工作状态。

2.3.4 汽车车载低速CAN总线常见故障波形

在CAN总线检测中,示波器具有不可代替的作用,可以让我们看到总线上传输的信号,分析上面运行的数据是否正常,还可以看出哪里出现了问题。下面一一分析低速CAN-BUS的各种故障波形。常见的低速CAN-BUS的故障主要有以下几种。

1. 汽车车载低速CAN-Low线对蓄电池正极短路

对于这种故障,典型的情况是:在示波器图中,如图2-47所示,CAN-Low线上作用有蓄电池电压,且CAN-High线继续传送CAN信号。

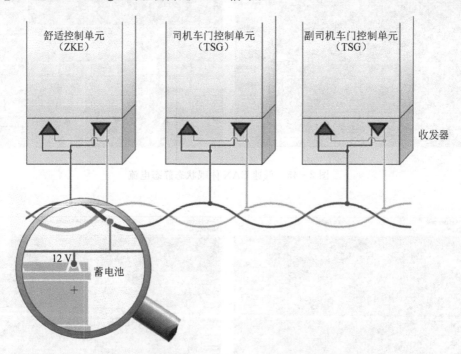

图2-47 低速CAN-Low线对蓄电池正极短路

休眠模式与这种CAN-Low线对蓄电池电压短路的区别在于:此时CAN-High线波形正常,而休眠时CAN-High线上的电平恒为0V,无明显波动,如图2-48所示。

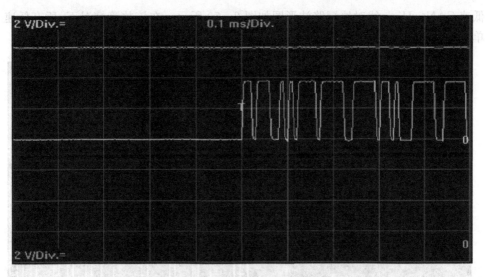

图 2-48 低速 CAN-Low 线对蓄电池正极短路波形图

对于这种故障,应先目视检查一下导线是否损坏,如果目视检查没发现损坏,下一步应拔下各控制单元的插头,检查针脚是否弯曲、插头内是否有金属丝屑或类似的东西。随后用欧姆表来监控短路情况,以便能确定是否是控制单元引起的短路。如果仍未能查明情况,那么应采用逐个断开电缆柱(例如可以先拔下插头以便断开与车门的连接)等方法进行诊断。也可以通过读取波形图,从节点处拔下或者断开导线,使某一个波形恢复正常,此时将低速 CAN-High 线对地短路,最后通过读取故障码找到故障部位。

2. 汽车车载低速 CAN-High 线对地短路

对于这种故障,典型的情况是:在示波器图中,如图 2-49 所示,CAN-High 线上作用有 0 V 电压,且 CAN-Low 线继续传送 CAN 信号。

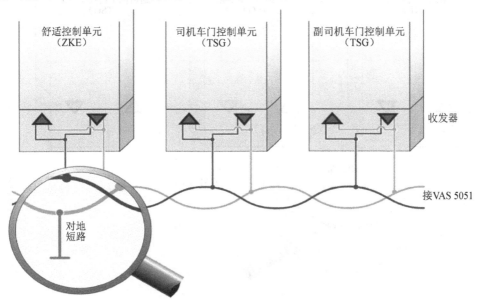

图 2-49 低速 CAN-High 线对地短路

低速 CAN-High 线对地短路波形图如图 2-50 所示。在该故障情况下，所有低速 CAN 变为单线工作。

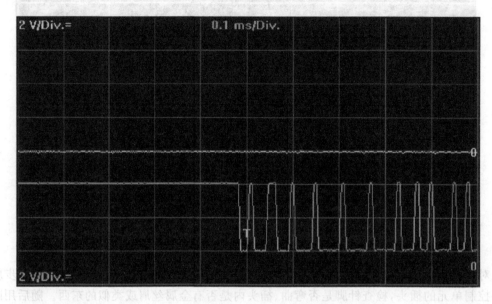

图 2-50　低速 CAN-High 线对地短路波形图

3. 汽车车载低速 CAN-High 线对 CAN-Low 线短路

这种故障情况很明了，即两条 CAN 导线的电平是相同的，CAN 收发器关闭 CAN-Low 线，只用 CAN-High 线来工作，如图 2-51 所示。

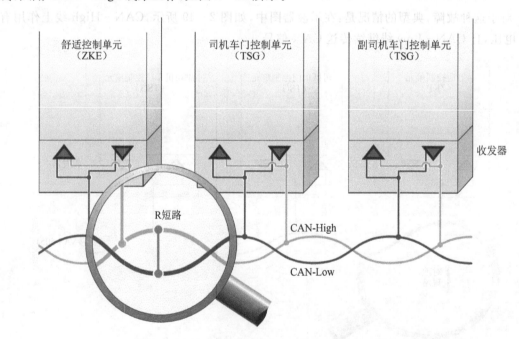

图 2-51　低速 CAN-High 线对 CAN-Low 线短路

低速 CAN–High 线对 CAN–Low 线短路的波形图如图 2-52 所示。

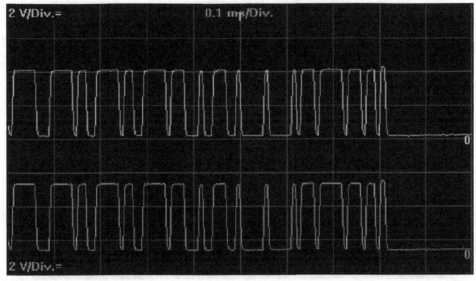

图 2-52　低速 CAN–High 线对 CAN–Low 线短路波形图

在该故障情况下，低速 CAN 单线工作。这意味着，通信仅对一条线路的电压电位起作用，控制单元利用该电压电位对地值确定传输数据。

4. 汽车车载低速 CAN–High 线对 CAN–Low 线交叉短路

该故障的产生是在实际工作过程中，由于工作人员疏忽，把 2 根数据总线接错导致的，如图 2-53 所示。

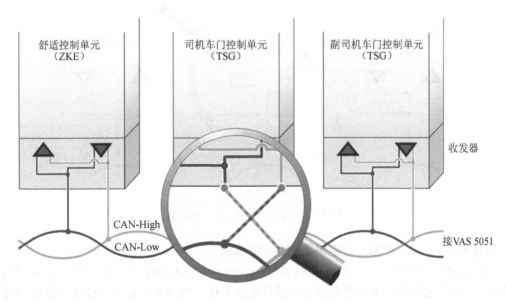

图 2-53　低速 CAN–High 线对 CAN–Low 线交叉短路

低速 CAN-High 线对 CAN-Low 线交叉短路的波形图如图 2-54 所示。

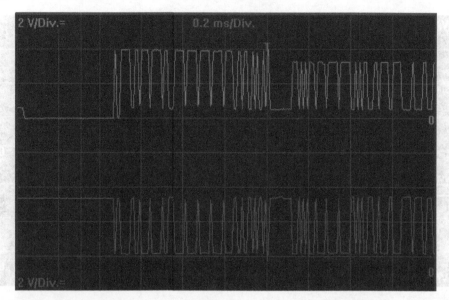

图 2-54　低速 CAN-High 线对 CAN-Low 线交叉短路波形图

波形图里可以看到隐性电平有一个偏移量(在波形图的左边缘),这是由于在隐性状态,某控制单元的导线装混会导致 CAN-High 线上的电压升高和 CAN-Low 线上的电压下降。

5. 汽车车载低速 CAN-Low 线断路

低速 CAN-Low 线断路故障如图 2-55 所示。

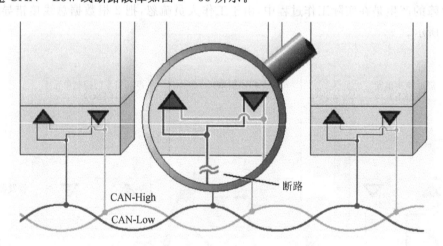

图 2-55　低速 CAN-Low 线断路

低速 CAN-Low 线断路波形图如图 2-56 所示。

在该故障中,CAN-Low 线断路,CAN-High 线电压电位正常,在 CAN-Low 线上为 5 V 的隐性电压电位和一个比特长的 1 V 显性电压电位。当一个信息内容被正确接收,则控制单元发送这个显性电压电位。在图中显示由很多发送控制单元组成的系统。"A"部分是信息的一部分,该信息被一个控制单元所发送,在"B"时间点接收到正确的信息内容,则接收控制

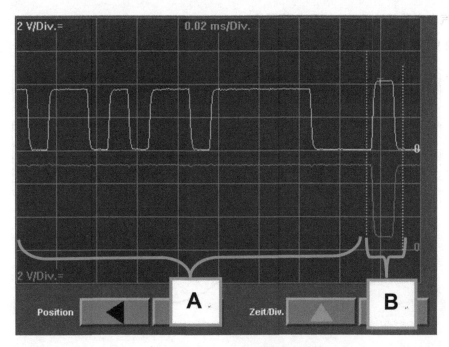

图 2-56 低速 CAN-Low 线断路波形图 1

单元用一个显性的电压电位给予答复。一旦在"B"时间点收到正确的信息,则所有控制单元都同时发送一个显性的电压电位,正因为如此,该比特的电位差要大一些。

在图 2-57 中,用较大的时间单位值显示同一个故障。从图中可以看出,信息"1"仅在 CAN-High 线上被发送,但是在 CAN-Low 线上的"A"处也给予确认答复。同样,信息"2"在"B"处给予答复,信息"3"在两条线上被发送,CAN-Low 线显示了信息"3"的电压电位。A、B、D 为单线工作,C 为双线工作。

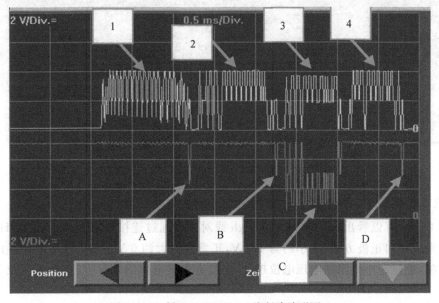

图 2-57 低速 CAN-Low 线断路波形图 2

6. 汽车车载低速 CAN-High 线断路

低速 CAN-High 线断路故障如图 2-58 所示。

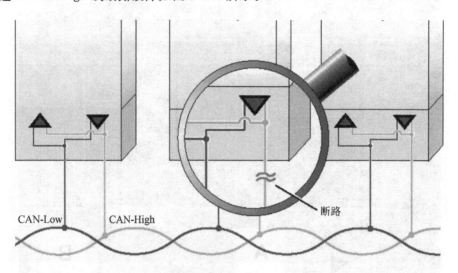

图 2-58　低速 CAN-High 线断路

低速 CAN-High 线断路波形图如图 2-59 所示。

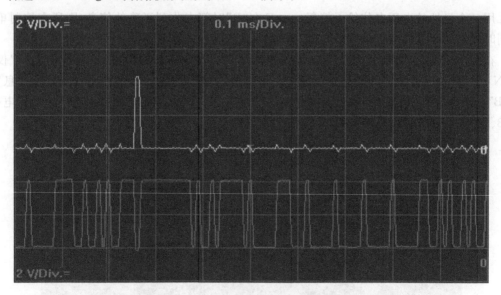

图 2-59　低速 CAN-High 线断路波形图

7. 汽车车载低速 CAN-High 线对正极通过连接电阻短路

由图 2-60 可以看出,低速 CAN-High 线对正极通过连接电阻短路,CAN-High 线的隐性电压电位拉向正极方向,大小约为 1.8 V,正常应为大约 0 V。该 1.8 V 电压是由于连接电阻引起的,电阻越小则隐性电压电位越大,在没有连接电阻的情况下,该电压值位于蓄电池电压。

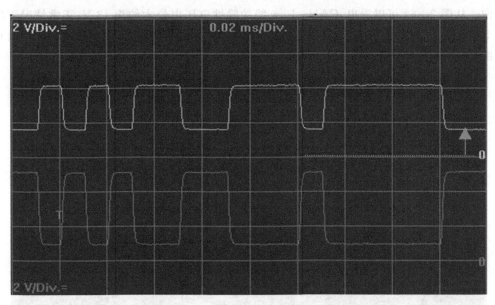

图 2-60 低速 CAN-High 线对正极通过连接电阻短路波形图

8. 汽车车载低速 CAN-High 线对地通过连接电阻短路

低速 CAN-High 线对地通过连接电阻短路时，CAN-High 线的显性电位移向接地方向。从波形图 2-61 可以看出，CAN-High 线的显性电压大约为 1 V，正常的电压大约接近 4 V。电阻越小，则显性电压越小。若在没有连接电阻的情况下短路，则该电压为 0 V。

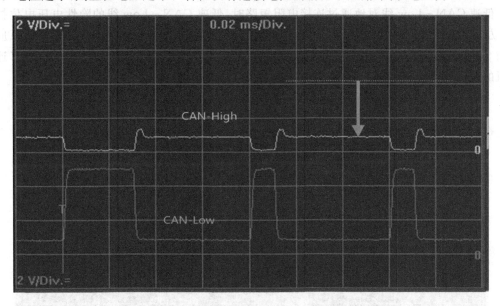

图 2-61 CAN-High 线对地通过连接电阻短路波形图

9. 汽车车载低速 CAN-Low 线对正极通过连接电阻短路

低速 CAN-Low 线对正极通过连接电阻短路时，CAN-Low 线的隐性电压电位拉向正极方向。从图 2-62 可以看出，CAN-Low 线的隐性电压电位大约为 13 V，正常情况下应为大约 5 V。该 13 V 电压是由于连接电阻引起的，电阻越小则隐性电压电位越大。在没有连接电阻的情况下，该电压值位于蓄电池电压。

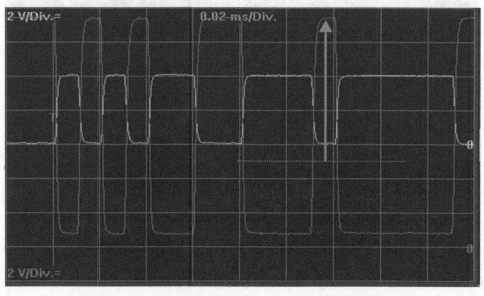

图 2-62　CAN-Low 线对正极通过连接电阻短路波形图

10. 汽车车载低速 CAN-Low 线对地通过连接电阻短路

低速 CAN-Low 线对地通过连接电阻短路时，低速 CAN-Low 线的隐性电压电位拉向 0 V 方向。从图 2-63 可以看出，CAN-Low 线的隐性电压电位大约为 3 V，正常情况下应为大约 5 V。该 3 V 电压是由于连接电阻引起的，电阻越小则隐性电压电位越小。在没有连接电阻的情况下，该电压值位于 0 V 电压。

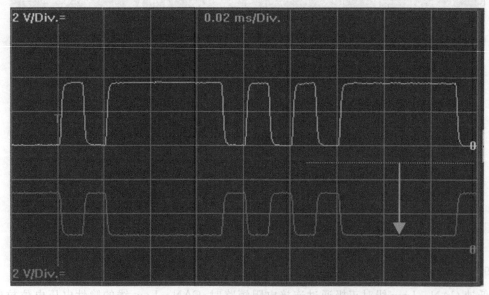

图 2-63　CAN-Low 线对地通过连接电阻短路波形图

11. 汽车车载低速 CAN - High 线与 CAN - Low 线之间通过连接电阻短路

在该短路情况下,CAN - High 线与 CAN - Low 线的隐性电压电位相互靠近。CAN - High 线的隐性电压大约为 1 V,正常值为 0 V,CAN - Low 线的电压大约为 4 V,正常值为 5 V。CAN - High 线与 CAN - Low 线的显性电压电位为正常,如图 2 - 64 所示。

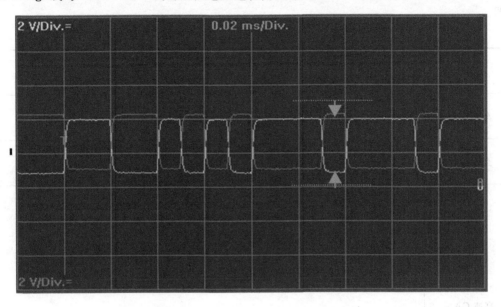

图 2 - 64　CAN - High 线与 CAN - Low 线之间通过连接电阻短路波形图

任务实施

任务1　汽车车载 CAN 总线的拓扑图

通过查阅相关资料，填写表 2-8 并画出测试车型的高速 CAN 和低速 CAN 的拓扑结构图。

表 2-8　车辆 CAN 总线拓扑图绘制

测试人		测试时间	
车辆信息			
查阅资料			
高速 CAN 拓扑图			
低速 CAN 拓扑图			

任务 2 汽车车载高速 CAN 总线的诊断仪检测

要想进行故障分析,就必须先使用诊断仪来诊断。在将诊断仪接到网关上后,可以通过主菜单使用功能 19(网关)来查看故障记录。在网关菜单中可通过选择测量数据块,输入想要查看的测量数据块的号码。根据自己的测试过程填写表 2-9(如果没有故障可以预先设一个故障)。

表 2-9 高速 CAN 故障码和数据流检测

测试人		测试时间		实操二维码
测量车型				
使用工具设备				
操作方法步骤					
测量故障码					
测量数据流	通道	1	2	3	4
	125				
	126				
	127				
	128				
	129				
根据测量结果分析故障原因:					

任务 3　汽车车载高速 CAN 总线的终端电阻检测

根据自己测量高速 CAN 终端电阻的步骤，填写表 2-10。

表 2-10　高速 CAN 终端电阻检测

测试人		测试时间		
测量车型				实操二维码
使用工具设备				
操作方法步骤				

根据测量结果分析故障原因：

任务 4 汽车车载高速 CAN 总线的电压检测

利用数字万用表的电压挡,测量高速 CAN 的信号电压,填写表 2-11。

表 2-11 高速 CAN 电压值检测

测试人		测试时间		实操二维码
测量车型				
使用工具设备				
操作方法步骤				

检测位置	测量值/V	是否正常
高线		
低线		

任务 5　汽车车载高速 CAN 总线的波形检测

利用示波器测量高速 CAN 的信号波形,填写表 2-12。

表 2-12　高速 CAN 信号波形测试

测试人		测试时间		
测量车型				实操二维码
使用工具设备				
操作方法步骤				
画出标准波形			画出测量波形	
画出高速 CAN-Low 线断路波形			画出高速 CAN-High 线断路波形	

续表

画出高速 CAN-Low 线对蓄电池正极短路波形	画出高速 CAN-High 线对蓄电池正极短路波形
画出高速 CAN-Low 线对地短路波形	画出高速 CAN-High 线对地短路波形
画出 CAN-Low 线与 CAN-High 线交叉短路波形	画出高速 CAN-Low 线与 CAN-High 线短路波形

任务 6 汽车车载低速 CAN 总线的诊断仪检测

将诊断仪接到诊断接口上,进入网关 19,通过网关查看故障记录。在网关菜单中可通过选择测量数据块,输入想要查看的测量数据块的号码。根据自己的测试过程填写表 2-13(如果没有故障可以预先设一个故障)。

表 2-13 低速 CAN 诊断仪检测

测试人		测试时间		实操二维码
测量车型				
使用工具设备				
操作方法步骤				
测量故障码				
测量数据流	通道	1	2	3	4
	130				
	131				
	132				
	133				
	134				
	135				
	140				
	141				
	142				
	143				
根据测量结果分析故障原因:					

任务 7 汽车车载低速 CAN 总线的休眠检测

低速 CAN 休眠条件：当关闭点火开关，锁上车门 35 s 以后，或未锁车门不进行任何操作 10 min 以后，CAN 总线进入休眠模式。在休眠状态时，整车运行电流由 150 mA 转为休眠电流 6~8 mA，给电子防盗系统供电。

根据自己测量低速 CAN 休眠的步骤，填写表 2-14。

表 2-14 低速 CAN 休眠检测

测试人		测试时间		
测量车型			实操二维码	
使用工具设备				
操作方法步骤				
休眠波形检测	休眠前波形		休眠后波形	
休眠电流检测	休眠前电流		休眠后电流	

任务8 汽车车载低速 CAN 总线的电压检测

利用数字万用表的电压挡,测量低速 CAN 的信号电压,并填写表 2-15。

表 2-15 低速 CAN 电压值检测

测试人		测试时间		
测量车型			实操二维码	
使用工具设备				
操作方法步骤				
检测状态	检测位置	测量值/V		是否正常
休眠前	高线电压			
	低线电压			
休眠后	高线电压			
	低线电压			
检测结果分析				

任务 9　汽车车载低速 CAN 总线的波形检测

利用示波器测量低速 CAN 的信号波形，并填写表 2-16。

表 2-16　低速 CAN 信号波形测试

测试人		测试时间		
测量车型				实操二维码
使用工具设备				
操作方法步骤				
画出标准波形			画出测量波形	
画出低速 CAN-High 线对蓄电池正极短路波形			画出低速 CAN-High 线对地短路波形	
画出低速 CAN-Low 线对地短路波形			画出低速 CAN-High 线对 CAN-Low 线短路波形	

续表

画出低速 CAN-High 线对 CAN-Low 线交叉短路波形	画出低速 CAN-Low 线断路波形
画出低速 CAN-High 线断路波形	画出低速 CAN-High 线对正极通过连接电阻短路波形
画出低速 CAN-High 线对地通过连接电阻短路波形	画出低速 CAN-Low 线对正极通过连接电阻短路波形
画出低速 CAN-Low 线对地通过连接电阻短路波形	画出低速 CAN-High 线与 CAN-Low 线通过连接电阻短路波形

任务 10　汽车车载低速 CAN 总线故障的排除

本次任务由老师先设置一个或者多个故障,学生通过诊断仪、示波器、万用表来进行排除故障,并填写表 2-17。

表 2-17　低速 CAN 故障的检查

车辆信息	
故障现象	
故障分析	
所需设备	
故障码	
数据流	
故障波形	
诊断与排除步骤	

知识测评

1. 在一个由 CAN 总线构成的单一网络中,理论上可以挂接( )个节点。
   A. 64　　　　　　B. 110　　　　　　C. 256　　　　　　D. 无数

2. CAN 可提供高达( )的数据传输速率,这使实时控制变得非常容易。
   A. 20 kbit/s　　　B. 100 kbit/s　　　C. 1 Mbit/s　　　D. 20 Mbit/s

3. ( )总线是车载网络系统中应用最多、也最为普遍的一种总线技术。
   A. Lin　　　　　　B. CAN　　　　　　C. FlexRay　　　　D. MOST

4. CAN - BUS 目前的 ISO 标准有两种,分别是 ISO11898 与 ISO11519 - 2。ISO11519 - 2 是通信速率最高可达 126 kbit/s 的 CAN( )通信标准。
   A. 高速　　　　　　B. 低速

5. CAN 总线属于( )传输模式。
   A. 单线　　　　　　B. 双线　　　　　　C. 三线　　　　　　D. 都不正确

6. ( )CAN 的两条网线只要其中一条网线出现断路或短路,则整个网络失效。
   A. 高速　　　　　　B. 低速

7. ( )CAN 的两条网线出现同样的问题时,还可用剩下的另一条完好网线进行数据传递(即单线功能)。
   A. 高速　　　　　　B. 低速

8. CAN 总线的抗干扰措施为( )。
   A. 单线　　　　　　B. 双绞线　　　　　C. 三线　　　　　　D. 屏蔽线

9. CAN - BUS 数据总线的两条线在数据传输时的电位是( )的。
   A. 相同　　　　　　B. 相反　　　　　　C. 不一定

10. 在 CAN 网络系统中,各个模块之间的连接方式是( )的。
    A. 并联　　　　　　B. 串联　　　　　　C. 混联　　　　　　D. 不一定

11. CAN - BUS 上的信息是以( )形式出现的。
    A. 二进制　　　　　B. 十进制　　　　　C. 十六进制　　　　D. 都不是

12. CAN 网络上的节点不分主从为( )通信方式。
    A. 串行　　　　　　B. 并行　　　　　　C. 混合　　　　　　D. 都不正确

13. 在大众车系中,CAN 导线的基色为( )色。
    A. 黑色　　　　　　B. 棕色　　　　　　C. 橘色　　　　　　D. 绿色

14. 在大众车系中,对于驱动数据总线来说,CAN - High 导线上还多加了( )作为标志色。
    A. 黑色　　　　　　B. 棕色　　　　　　C. 橙色　　　　　　D. 绿色

15. 在大众车系中,对于舒适数据总线来说,CAN - High 导线上还多加了( )作为标志色。
    A. 黑色　　　　　　B. 棕色　　　　　　C. 橙色　　　　　　D. 绿色

16. CAN 总线中控制单元传递的数据信息中包含一些物理量时,都通过转化为( )进行传递。
    A. 模拟信号　　　　B. 数字信号

17. CAN 总线中数据由二进制数构成,1 位可以表示 2 种不同的状态,2 位可以表示( )种状态。

A. 2　　　　　　　B. 4　　　　　　　C. 8　　　　　　　D. 16

18. CAN-BUS 如果有多个控制器同时需要发出信号,那么在总线上一定会发生数据冲突。这时通过数据帧( )来识别数据优先权,具有最高优先权的数据,首先发送。
    A. 开始域　　　　B. 状态域(仲裁域)　　C. 数据域　　　　D. 结束域

19. 宝马车系公司还采用三线式 CAN 总线系统,其 PT-CAN 总线中,除了 CAN-High 导线和 CAN-Low 导线之外,还有一根( )导线。
    A. 屏蔽　　　　　B. 唤醒　　　　　C. 接地　　　　　D. 诊断

20. 驱动 CAN 总线通过( )激活。
    A. 15 号电　　　　B. 30 号电　　　　C. 31 号电

21. 低速 CAN 总线通过( )激活。
    A. 15 号电　　　　B. 30 号电　　　　C. 地线

22. 新型诊断接口的针脚一共有( )个。
    A. 10　　　　　　B. 12　　　　　　C. 14　　　　　　D. 16

23. 大众汽车新型诊断接口的供电有( )。
    A. 15 号　　　　　B. 30 号　　　　　C. 以上都有

24. 高速 CAN 控制器和收发器都集成在控制单元( )。
    A. 内部　　　　　B. 外部

25. 收发器的差动信号放大器在处理信号时,会用( )。
    A. CAN-High 导线上作用的电压减去 CAN-Low 导线上作用的电压
    B. CAN-Low 导线上作用的电压减去 CAN-High 导线上作用的电压

26. 目前大众一些车型使用的是分配式电阻,即( )控制单元内的(中央末端电阻)和其他控制单元内的高欧姆电阻,将终端电阻"散布"于各个控制单元内部,且阻值不等。
    A. 发动机　　　　B. 变速箱　　　　C. ABS　　　　　D. 网关

27. 目前大众一些车型使用的是分配式电阻,发动机控制单元内部的终端电阻阻值为( )。
    A. 6 Ω　　　　　　B. 66 Ω　　　　　C. 2.6 kΩ　　　　D. 3.6 kΩ

28. 高速 CAN 总线系统无数据传输时的隐性电压值约为( )V。
    A. 1.5　　　　　　B. 2.5　　　　　　C. 3.5　　　　　　D. 5

29. 高速 CAN 总线系统有数据传输时的 CAN-High 线电压值约为( )V。
    A. 1.5　　　　　　B. 2.5　　　　　　C. 3.5　　　　　　D. 5

30. 高速 CAN 总线系统有数据传输时的 CAN-Low 线电压值约为( )V。
    A. 1.5　　　　　　B. 2.5　　　　　　C. 3.5　　　　　　D. 5

31. 高速 CAN 总线系统有数据传输时总线处于( )状态。
    A. 显性　　　　　B. 隐性

32. 高速 CAN 总线系统有数据传输时 CAN-Low 线上的电压值会降低至少( )V。
    A. 1　　　　　　　B. 2　　　　　　　C. 3　　　　　　　D. 4

33. 诊断汽车 CAN 总线故障最好的仪器是( )。
    A. 诊断仪　　　　B. 示波器　　　　C. 万用表

34. 汽车车载高速 CAN-Low 导线断路,断路的控制单元低线电压( )。
    A. 小于 2.5 V　　　B. 大于 2.5 V

35. 若汽车车载高速 CAN-Low 导线断路,可能的原因是( )。
    A. 控制单元故障　　　B. 线路故障　　　　C. 都有可能
36. 若汽车车载高速 CAN-Low 导线断路,则( )波形不正常。
    A. 所有控制单元　　　B. 只有断路的控制单元　C. 都有可能
37. 高速 CAN 总线系统只有( )在控制单元外部。
    A. 执行器　　　　　　B. 数据传输导线　　C. ECU
38. 在数据总线的两个末端设有两个终端电阻,其目的是为了防止( )。
    A. 数据在终端被反射　B. 数据丢失　　　　C. 便于测量
39. 大众车系高速 CAN 总线对地断路,下面描述正确的是( )。
    A. 可以正常通信　　　B. 无法通信　　　　C. 可能通信也可能不能通信
40. 在测量高速 CAN 终端电阻时,断电后要等待 5 分钟,其目的是( )。
    A. 使发动机温度上升　B. 使所有电容器充分放电
    C. 使发动机降温,防止烫伤

项目三　汽车车载 Lin 总线系统检修

知识目标

1. 了解 Lin 总线的特点及应用；
2. 掌握 Lin 总线的组成及工作原理；
3. 掌握 Lin 总线的故障分析及诊断方法。

能力目标

1. 会查阅相关维修技术资料；
2. 能够正确使用 Lin 总线检测工具；
3. 能够进行常见 Lin 总线故障的检测与维修。

知识链接

3.1　汽车车载 Lin 总线的认知

Lin 协会创建于 1998 年末，最初的构想是建立具备有限的传输速率、简便却性能优良的总线系统：只需要一条数据传输线；使用低成本组件（例如阻容组合代替石英）；通过使用较简单的电子设备节省结构空间。多家汽车制造商将标准公开化，便促进了供应商之间的竞争并降低了成本，CAN 总线不仅没有被取代，反而得到了扩展，单主/多从原理确保了安全性。

Lin 总线最初的发起人为宝马、沃尔沃、奥迪、VW、戴姆勒-克莱斯勒、摩托罗拉和 VCT 等，五家汽车制造商，一家半导体厂商以及一家软件工具制造商。该协会将主要目的集中在定义一套开放的标准，主要针对车辆中低成本的内部互联网络，这些地方无论是带宽还是复杂性都不必要用到 CAN 网络。

Lin(Local interconnect network,局部互联网络)是一种低成本的汽车通信网络，也常常被称为内部子系统。Lin 总线是 CAN 在低端应用的延伸，是价格相对便宜且速度较慢的子网。在低速对带宽要求不高的场合，Lin 具有较高的成本优势，是比 CAN 更好的替代选择，但 Lin 并不能完全取代 CAN 总线（速度＋可靠性）。一般来说，Lin 总线主要应用在汽车内对安全和整车性能影响不大的子系统中，比如车门窗控制、雨刮器、空调、座椅调整、照明灯等。典型的车载 Lin 总线如图 3-1 所示。

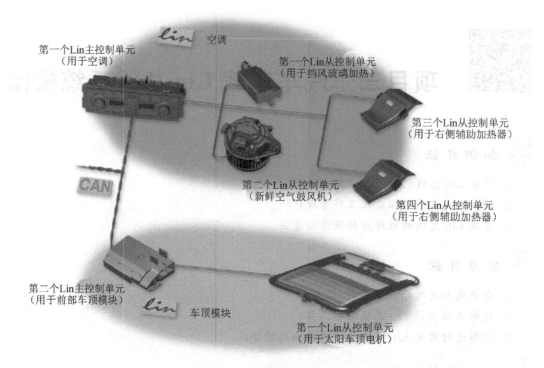

图 3-1 典型车载 Lin 总线系统

3.1.1 汽车车载 Lin 总线的组成

Lin 总线系统的构成有 3 部分,分别是:Lin 上级控制单元,即 Lin 主控制单元;Lin 从属控制单元,即 Lin 从控制单元;单根导线。在一个完整的 Lin 控制系统内,一台主控制单元最多可以管理 16 台附属控制单元(受标识符长度限制及总线物理特性的限制,并联节点越多,总线阻抗越低,越易发生通信故障)。Lin 总线系统的结构如图 3-2 所示。

Lin 总线系统中,所有节点都有一个通信任务,主节点可以执行主任务也可以执行从任务,从节点只能执行从任务。总线上的信息传送由主节点来进行控制。

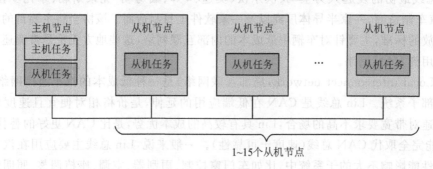

图 3-2 Lin 总线系统结构

1. Lin 主控制单元

如图 3-3 所示，Lin 主控制单元对上连接在 CAN 总线上，可以与 CAN 总线上其他设备或收发器进行通信，对下主要是通过单根导线与下面一个或多个 Lin 从控制单元进行通信，主要实现以下几个方面的功能：

①监控数据传输及其速率，发送信息标题。

②Lin 主控制单元的软件内已经设定了一个周期，这个周期用于决定何时将哪些信息发送到 Lin 数据总线上多少次。

③该控制单元在 Lin 数据总线与 CAN 总线之间起"翻译"作用，它是 Lin 总线系统中唯一与 CAN 总线相连的控制单元。

④通过 Lin 主控制单元进行 Lin 系统自诊断。

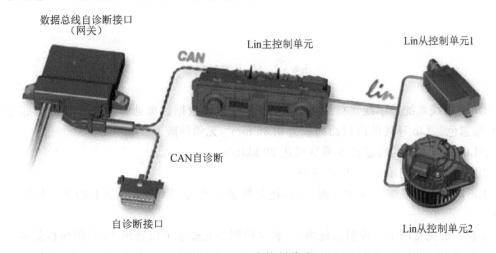

图 3-3　Lin 主控制单元

2. Lin 从控制单元

在 Lin 总线系统中，Lin 从控制单元的通信受到 Lin 主控制单元的完全控制，只有在 Lin 主控制单元发出命令的情况下，Lin 从控制单元才能通过 Lin 总线进行数据传输。

在 Lin 数据总线系统内，单个的控制单元（如新鲜空气鼓风机的控制单元）或传感器及执行元件（如水平传感器及防盗警报蜂鸣器）都可看作 Lin 从控制单元。传感器内集成有一个电子装置，该装置负责对测量值进行分析，测量值是作为数字信号通过 Lin 总线传递的。传感器和执行元件只使用 Lin 主控制单元插口上的一个针脚。

Lin 执行元件都是智能型的电子或机电部件，这些部件通过 Lin 主控制单元的 Lin 数字信号接收任务。Lin 主控制单元通过集成的传感器来获知执行元件的实际状态，然后就可以进行规定状态和实际状态的对比，返回信息如"错误！未找到引用源"。Lin 从控制单元的结构如图 3-4 所示。

3.1.2　汽车车载 Lin 总线的特点

作为一种低成本的串行通信网络，Lin 总线用于实现汽车中的分布式电子系统控制。Lin 总线是 CAN 网络的辅助总线网络，可节省成本，主要特征如下：

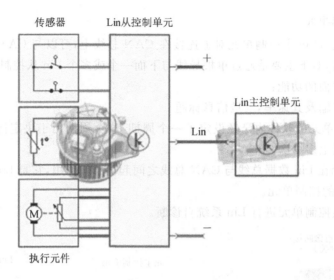

图3-4 Lin从控制单元

①Lin总线系统是单线式总线,仅靠一根导线传输数据。奥迪车系Lin导线的底色是紫色,有标志色。Lin导线的横截面面积为 $0.35~mm^2$,无须屏蔽。

②Lin总线系统的传输速度最高可达 20 kbit/s。

③媒体访问采用单主/多从的机制。

④不同的Lin系统之间的数据交换,还是得依靠连接到CAN网络上的某一控制单元来完成。

⑤在一个完整的Lin控制系统内,一台主控制单元最多可以管理16台附属控制单元。

⑥如果Lin总线处于未激活状态已经超过4秒,从机节点会自动进入休眠模式。

3.2 汽车车载Lin总线的工作

Lin总线传输数据线是单线传输,数据线最长可达 40 m。Lin主控制单元的软件内已经设定了一个顺序,Lin主控制单元就按这个顺序将信息标题发送至Lin总线上(若是主信息,则发送的是回应),常用的信息会多次传递。Lin主控制单元的环境条件可能会改变信息的顺序,例如点火开关接通与关闭、自诊断是否激活等。

3.2.1 汽车车载Lin总线系统物理结构

Lin总线系统的物理结构包括信号收发两用机,如图3-5所示。任何一个收发两用机都可以接通所属的晶体管,由此将Lin总线与负极连接。在这种情况下,会由一个发送器传输一个主导位,如果晶体管都不导通,在Lin总线电路上为高电压。在主节点内配置 1 kΩ 电阻端接 12 V 供电(上拉电阻 1 kΩ),在从节点内配置 30 kΩ 电阻端接 12 V 供电(上拉电阻 30 kΩ)。各节点通过电池正极端接电阻向总线供电,每个节点都可以通过内部发送器拉低总线电压。电阻需串联一个二极管以防止由于本地电源泄漏对总线产生的干扰。

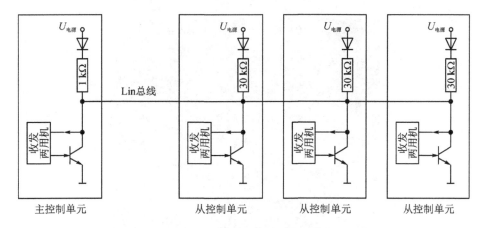

图 3-5　Lin 总线系统物理结构

如果所有节点都没有驱动收发器三极管导通,此时在 Lin 数据总线上的电压就是蓄电池电压,为隐性电平,表示逻辑"1";当有节点需要向外发送信息时,发送控制单元内的收发器驱动三极管导通,将 Lin 数据总线导线接地,此时在 Lin 总线上的电压为 0 V,为显性电平,表示逻辑"0"。Lin 总线显性隐性的信号波形如图 3-6 所示。

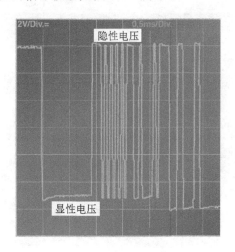

图 3-6　Lin 总线显性隐性信号波形图

3.2.2　汽车车载 Lin 总线系统信息结构

通过 Lin 总线传输的实体为帧。一个报文帧由帧头(起始报文或信息标题)和应答(回应/信息内容)两部分组成,如图 3-7 所示。在一个激活的 Lin 网络中,通信通常由主控制单元启动,主机任务负责发送信息标题,从机任务负责接收帧头并对帧头所包含信息进行解析,而后决定是发送应答,还是接收应答,或不作任何反应。

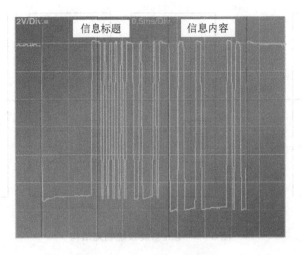

图 3-7 Lin 总线信息结构

1. 信息标题(帧头)

信息标题由同步暂停区、同步分界区、同步区、识别区 4 部分组成,如图 3-8 所示。

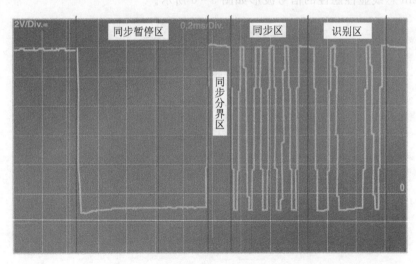

图 3-8 Lin 总线信息标题(帧头)结构

① 同步暂停区(synchbreak):同步暂停区长度至少为 13 位(二进制的),以显电平发送。这 13 位的长度是必须的,只有这样才能准确地通知所有的 Lin 从控制单元有关信息的起始点的情况。其他的信息是以最长为 9 位(二进制的)的显位来一个接一个传递的。

② 同步分界区(synchdelimiter):至少为一位(二进制的)长,且为隐性,用来区分同步暂停区与同步区。

③ 同步区(synchfield):由 0101010101 这个二进制位序构成,所有的 Lin 从控制单元通过这个二进制位序来与 Lin 主控制单元进行匹配(同步)。所有控制单元同步对于保证正确的数据交换是非常必要的,如果失去了同步性,那么接收到的信息中的某一数位值就会发生错误,

该错误会导致数据传递发生错误。

④ 识别区:长度为 8 位(二进制的),识别区段也有 8 个字节的长度。起始的 6 个字节(标识符)包含身份信息以及反应数据区段的数量。反应数据区段的数量为 0~8 个。末尾两个字节包含了前 6 个字节传输错误的检验码,如果识别区段传输错误的话,检验码可以用来阻止不正确信息的发出。

2. 信息内容(回应)

信息内容(回应)由 Lin 主节点(主控制单元)或从节点(从控制单元)发送,由数据区和校验区组成,如图 3-9、图 3-10 所示。数据区由 1~8 个字节的数据组成。每个数据区是 10 个二进制位,其中包括一个显性起始位,一段包含信息的字节和一个隐性停止位。起始位和停止位是用于再同步,从而避免传递错误的。校验区为 1 个字节,用于校验接收的数据是否正确,其可以使用两种校验和计算方法,一种是经典校验,仅校验数据场(Lin1.3),另一种是增强校验,同时校验标识符场与数据场内容(Lin2.0、Lin2.1 及 Lin2.2)。

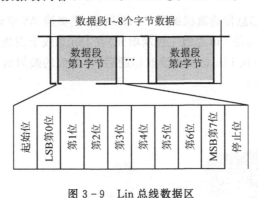

图 3-9 Lin 总线数据区

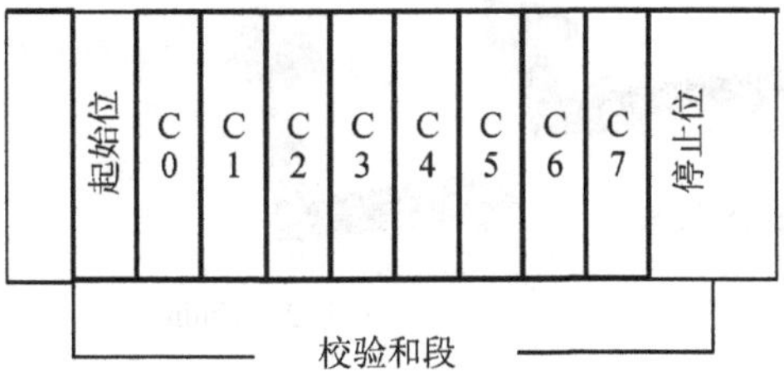

图 3-10 Lin 总线校验和段区

信息内容分为两种类型,即信号(singal)和诊断消息(diagnostic messages)。诊断消息是从控制单元收到主控制单元发来的信息标题中带有要求从控制单元回应的信息后,Lin 从控制单元根据识别码给这个信息提供的回应信息;信号(singal)是由主控制单元发出的命令信号,相应的 Lin 从控制单元会使用这些数据去执行各种功能。

Lin 从控制单元回应信息传递流程如图 3-11 所示,是奥迪 A8 空调系统 Lin 总线的信息传递流程图,空调控制电脑(也是 Lin 总线主控制单元)在 Lin 总线上发送信息标题"查询鼓风机的转速",鼓风机读取标题后将当前的鼓风机转速信息发送到 Lin 总线上,空调控制电脑读取此信息。

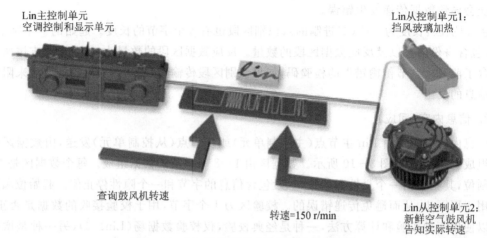

图 3-11　Lin 从控制单元回应信息传递流程

　　Lin 主控制单元命令信息传递流程如图 3-12 所示，是奥迪 A8 空调系统 Lin 总线的信息传递流程图，空调控制电脑（也是 Lin 总线主控制单元）在 Lin 总线上发送信息标题"调整鼓风机的转速到 200 r/min"，鼓风机从 Lin 总线上读取标题后，将当前的鼓风机转速相应地从 150 r/min 调整到目标转速 200 r/min。

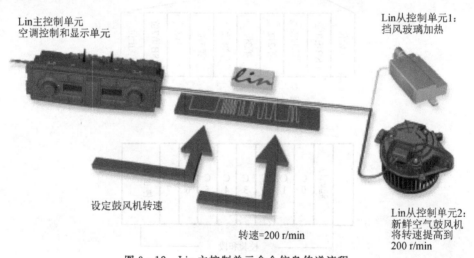

图 3-12　Lin 主控制单元命令信息传递流程

3.2.3　汽车车载 Lin 总线信息要求

　　根据 Lin 总线的物理层规定，Lin 总线采用改进的 ISO9141 单总线标准，总线驱动为 12 V 电源。电平分为隐性电平"1"和显性电平"0"两种，其误差要求如下：对于发出信息的节点，发出的隐性电平不得低于电源电压的 80%，显性电平不得高于电源电压的 20%，如图 3-13 所示；对接收节点来说，接收到的隐性电平不得低于电源电压的 60%，显性电平不得高于电源电压的 40%，如图 3-14 所示。考虑到信号衰弱等因素的影响，Lin 总线的长度最大不超过 40 m，同时一个 Lin 子网络上的节点数目应小于 16 个。

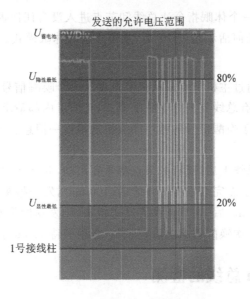

图 3-13 Lin 总线发送信号电压范围

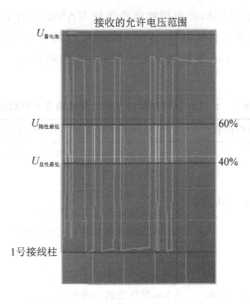

图 3-14 Lin 总线接收信号电压范围

3.2.4 汽车车载 Lin 总线的工作模式

车载 Lin 总线根据工作状态不同可分为 2 种状态，即唤醒状态和休眠状态。

1. 休眠状态

为了减少系统功耗，Lin 总线系统在不工作时将进入休眠状态，总线在睡眠模式时呈隐性。睡眠指令只有主节点可以发送，节点在接到之后，也可以选择不进入睡眠状态而继续工作，具体根据应用层协议而定。Lin 总线系统进入休眠模式的条件如下：

① 主机节点可发出一个休眠指令让总线和节点进入没有任何内部活动的睡眠模式。

② Lin 总线上没有任何活动超过 4 s 后,从节点进入休眠模式。

2. 唤醒状态

总线的睡眠模式可通过主机节点或从机节点发送一个唤醒信号来终止。唤醒信号可通过任何从机任务发送,但只有总线先前处于睡眠模式,且节点内部请求被挂起时才有效。一旦节点被内部唤醒,将使用基于唤醒信号的程序向主机通报这一消息。当主机收到唤醒信号时,总线睡眠状态便终止。

在唤醒信号发送到总线上后,所有的节点都重新启动,并等待主机任务发送一个同步间隔场和同步场,主节点在从节点完成准备工作之后(100 ms),发送报头查找唤醒的原因。如果在发出唤醒请求之后的 150 ms 后,主节点没有发送报头,则发送唤醒请求的从节点可以再次发送唤醒请求。连续发送三次唤醒请求之后,从节点必须等待 1.5 s 才可以再次发送。

3.3 汽车车载 Lin 总线的检测

1. Lin 总线的诊断仪检测

当 Lin 总线系统出现故障时,可利用故障检测仪 VAS5051 对 Lin 总线系统进行故障诊断和检测。对 Lin 总线系统进行自诊断时,需使用 Lin 主控制单元的地址码。自诊断数据经 Lin 总线由 Lin 从控制单元传至 Lin 主控制单元。在 Lin 从控制单元上可以完成所有的自诊断功能,具体见表 3-1。

表 3-1 Lin 从控制单元上可以完成的自诊断功能

故障位置	故障内容	可能的故障原因
Lin 从控制单元,如鼓风机调节器	无信号/无法通信	1. 在 Lin 主控制单元已规定好的时间间隔内,Lin 从控制单元数据传输有故障 2. 导线断路或短路 3. Lin 从控制单元供电有故障 4. Lin 从控制单元或 Lin 主控制单元型号错误 5. Lin 从控制单元损坏
	出现不可靠信号	1. 校验出错,传输的信息不完整 2. Lin 导线受到电磁干扰 3. Lin 导线的电容和电阻值改变了(如插头壳体潮湿或脏污) 4. 软件故障(备件型号错误)

2. 故障分析

Lin 总线断路。Lin 总线发生断路故障时,其功能丧失情况视发生断路故障的具体位置而定。如图 3-15 所示,当 Lin 总线在位置 A 处断路时,其下游的所有从控制单元(图中为从控制单元 1 和从控制单元 2)均不能正常工作;当 Lin 总线在位置 B 处断路时,从控制单元 1 将不能正常工作;当 Lin 总线在位置 C 处断路时,从控制单元 2 将不能正常工作。根据 Lin 总线发生故障时其功能丧失的情况,结合 Lin 总线控制关系并参阅电路图,就可以判断出发生断路故障的大致位置。

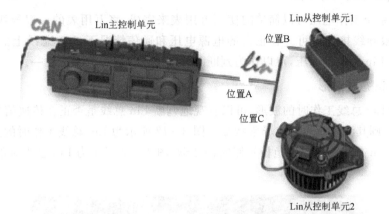

图 3-15 Lin 总线断路故障

Lin 总线短路。无论是 Lin 总线对电源负极短路还是对电源正极短路，Lin 总线都会关闭，无法正常工作。如图 3-16、图 3-17 所示。

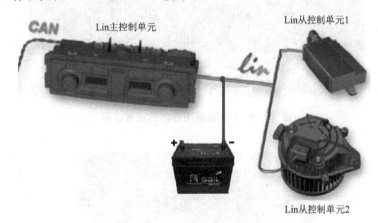

图 3-16 Lin 总线对负极短路

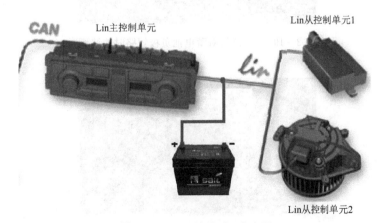

图 3-17 Lin 总线对正极短路

3. 测量 Lin 总线工作电压

测量 Lin 系统工作电压可以简单的使用万用表来完成,将万用表的一根导线接在 Lin 总线上,将另一根导线接地即可。在正常的电源电压和通信情况下,Lin 总线上的平均电压为 7~8 V。测量 Lin 总线的电压,可以作为判断 Lin 网络是否工作的方法之一。

4. 测量 Lin 总线波形

通过测量 Lin 总线工作时的波形,可以直观地判断 Lin 总线是否正在传递信号。如果 Lin 总线存在故障,则其波形也表现出异常特征。图 3-18 所示为 Lin 总线工作时的正常波形,图 3-19 所示为 Lin 总线对蓄电池负极短路时的波形,图 3-20 所示为 Lin 总线对蓄电池正极短路时的波形。

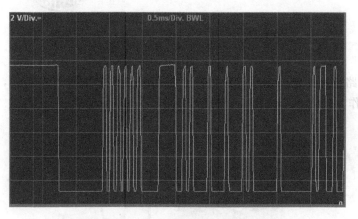

图 3-18 Lin 总线工作时的正常波形

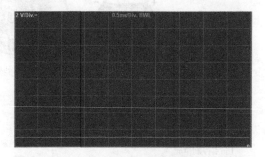

图 3-19 Lin 总线对蓄电池负极短路时的波形

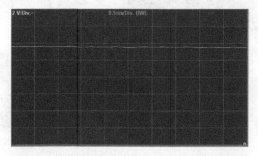

图 3-20 Lin 总线对蓄电池正极短路时的波形

下面以 2012 款大众迈腾 1.8TSI+DSG 基本型汽车舒适系统为例,介绍 Lin 总线波形的测量方法。如图 3-21 所示,驾驶员侧车门控制单元 J386 和驾驶员侧后部车门控制单元 J926 之间的 Lin 线连接,若二者之间的 Lin 线断路,按如下步骤进行检测:

①测量 J926 侧 Lin 线波形。示波器负极接地,正极测试 D 点波形,波形如果是 12 V 平波,说明 Lin 系统存在对蓄电池正极短路(蓄电池电压 12 V)或 Lin 线线路断路(Lin 线断路,J926 端 Lin 线内部接蓄电池正极,如图 3-5 所示)。

②断开 Lin 线与 J926 连接,继续测量 J926 侧 Lin 线波形,若所测波形为 0 V 平波,可基本断定 Lin 线线路存在断路故障。此时 D 点与 J926 断开,J926 内部 12 V 电压不能传到 Lin 总线上,同时 D 点也没有接收到 J386 端传来的信息。

③为进一步确定故障点,在保持 Lin 线与 J926 断开状态下再次测量 J386 侧(A 点)Lin 线波形。所测波形若为正常波形,即 Lin 线线路两端一端为正常波形,而另外一端为 0 V 平波,则可确定 J386 至 J926 之间 Lin 线线路断路。

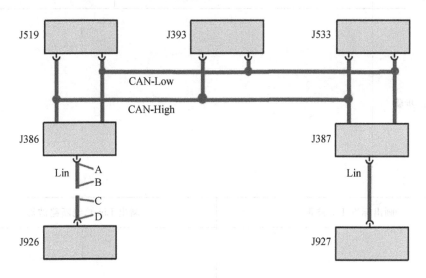

图 3-21 2012 款迈腾 1.8TSI 舒适总线系统结构图

任务实施

任务1 Lin总线波形检测

利用示波器测量 Lin 总线波形，并填写表3-2。

表3-2 Lin总线波形测量

测试人		测试时间		
测量车型				实操二维码
使用工具设备				
操作方法步骤				
画出标准 Lin 波形			画出 Lin 总线断路波形	
画出 Lin 总线对地短路波形			画出 Lin 总线接电阻对地短路波形	

续表

画出 Lin 总线对蓄电池正极短路波形	画出 Lin 总线接电阻对蓄电池正极短路波形
画出 Lin 总线上有电阻波形	画出 Lin 总线休眠波形

任务 2　汽车 Lin 总线的电压检测

利用数字万用表的电压挡,测量 Lin 总线的信号电压,并填写表 3-3。

表 3-3　Lin 总线电压值检测

测试人		测试时间		实操二维码	
测量车型					
使用工具设备					
操作方法步骤					
检测状态	测量值/V		是否正常		
休眠前					
休眠后					
检测结果分析					

任务3 Lin 总线故障的排除

本次任务由教师先设置一个或者多个故障，学生通过诊断仪、示波器、万用表来进行故障排除，并填写表 3-4。

表 3-4 Lin 总线故障的检查

车辆信息	
故障现象	
故障分析	
所需设备	
故障码	
数据流	
故障波形	
诊断与排除步骤	

知识测评

1. Lin总线系统的最大传输速率为（　　）。
   A. 10 kb/s　　　　B. 20 kb/s　　　　C. 100 kb/s
2. 在Lin网络系统中，各个模块之间的连接方式是（　　）的。
   A. 并联　　　　B. 串联　　　　C. 混联　　　　D. 不一定
3. Lin总线的传输速率最大能达到低速CAN总线的（　　）。
   A. 1/2　　　　B. 1/3　　　　C. 1/5　　　　D. 1/8
4. 关于Lin总线，哪个说法是错误的？（　　）
   A. Lin是线性单线结构　　　　　　　　B. 通信速率是19.2 kbit/s
   C. 信息是双向传输的　　　　　　　　D. 信息是单向传输的
5. Lin总线属于（　　）传输模式。
   A. 单线　　　　B. 双线　　　　C. 三线　　　　D. 都不正确
6. 奥迪车系的Lin总线系统的最大传输速率为（　　）。
   A. 500 kbit/s　　　B. 100 kbit/s　　　C. 19.2 kbit/s　　　D. 10 kbit/s
7. Lin总线系统只需要（　　）条数据传输线。
   A. 1　　　　B. 2　　　　C. 3
8. Lin总线系统由（　　）构成。
   A. 主控制单元　　B. 从控制单元　　C. 单根导线　　D. 以上都有
9. 在一个完整的Lin控制系统内，一台主控制单元最多可以管理（　　）台附属控制单元。
   A. 8　　　　B. 12　　　　C. 16　　　　D. 110
10. Lin总线上的信息传送由（　　）来进行控制。
    A. 主节点　　　　B. 从节点
11. 在奥迪车系Lin数据总线系统中，哪些不能作为Lin总线主控制单元的从控制单元？（　　）
    A. 传感器　　B. 数据总线自诊断接口　C. 执行元件　　D. 控制单元
12. Lin主控制单元是否可以与CAN总线上其他设备或收发器进行通信？（　　）
    A. 可以　　　　B. 不可以
13. Lin主控制单元对下可以与下面（　　）Lin从控制单元进行通信。
    A. 一个　　　　B. 多个　　　　C. 以上都有可能
14. 在Lin数据总线与CAN总线之间起"翻译"作用的控制单元是（　　）。
    A. Lin主控制单元　　B. Lin从控制单元　　C. 以上都有
15. 在Lin数据总线系统内，Lin从控制单元可以是（　　）。
    A. 单个的控制单元　　B. 传感器　　C. 执行元件　　D. 以上都可以
16. 奥迪车系Lin导线的底色是（　　），有标志色。
    A. 橙色　　　　B. 紫色　　　　C. 绿色　　　　D. 棕色
17. Lin导线的横截面面积为（　　）mm^2。
    A. 0.25　　　　B. 0.35　　　　C. 0.45　　　　D. 0.5
18. Lin总线系统中Lin导线（　　）。

A. 无须屏蔽　　　　　　　B. 须要屏蔽
19. Lin 数据总线上的(　　)电压就是蓄电池电压。
　　A. 隐性　　　　　　　　B. 显性
20. Lin 数据总线上的(　　)电压就是 0 V。
　　A. 隐性　　　　　　　　B. 显性
21. Lin 数据总线上的(　　)电压表示逻辑"1"。
　　A. 隐性　　　　　　　　B. 显性
22. Lin 数据总线对于发出信息的节点,发出的隐性电平不得低于电源电压的(　　)。
　　A. 20%　　　　B. 40%　　　　C. 60%　　　　D. 80%
23. Lin 总线系统在休眠状态时呈(　　)。
　　A. 显性　　　　　　　　B. 隐性
24. Lin 总线系统休眠指令只有(　　)可以发送。
　　A. 主节点　　　　B. 从节点　　　　C. 以上都可以
25. 在正常的电源电压和通信情况下,利用万用表测量 Lin 总线上的电压约为(　　)V。
　　A. 0～3　　　　B. 3～5　　　　C. 7～8　　　　D. 10～12

项目四　汽车车载 FlexRay 总线的检修

 知识目标

1. 了解 FlexRay 总线的特点及应用；
2. 掌握 FlexRay 总线的组成及工作原理；
3. 掌握 FlexRay 总线的故障分析及诊断方法。

能力目标

1. 会查阅相关维修技术资料；
2. 能够正确使用 FlexRay 总线检测工具；
3. 能够进行常见 FlexRay 总线故障的检测与维修。

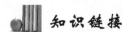

4.1　汽车车载 FlexRay 总线的认知

FlexRay 是继 CAN 和 Lin 之后的最新研发成果，FlexRay 车载网络标准已经成为同类产品的基准，并将在未来很多年内，引领整个汽车电子产品控制结构的发展方向。FlexRay 是 DaimlerChrysler 公司的注册商标。FlexRay 联盟（FlexRay Consortium）推进了 FlexRay 的标准化，使之成为新一代汽车内部网络通信协议。

1999 年 9 月，由 BMW 公司和 DaimlerChrysler 公司开始着手进行 FlexRay 研究。2000 年，它们联合 Philips 公司（现 NXP 公司）、Motorola 公司（现 Rescale 公司）、BOASH 公司、GM 公司和 VW 公司等创建了 FlexRay 联盟，这 7 家公司集汽车、半导体和电子系统制造商于一体，制定了满足未来车内控制应用通信需求的 FlexRay 通信协议。2001 年，提出了硬件解决方案，出现了第一个收发器原型。2002 年，汽车工业宣布支持 FlexRay 通信协议，并投入使用，同年，FlexRay 总线开始用于 x-by-wire 系统可行性鉴定。到 2006 年，FlexRay 网络投入量产 BWM X5 车中，标志着 FlexRay 不再只处于开发阶段，而是已进入实际应用中。

同时，随着 FlexRay 通信协议逐步发展成熟，目前几乎全球所有核心的汽车厂商和电子、半导体公司都加入了该联盟，在为协议发展提供全方位技术支持的同时，也促进了 FlexRay 总线系统在全球的推广应用。2010 年，FlexRay 总线协议被国际标准协会组织纳入标准体系中，形成 ISO10681-1:2010-道路车辆 FlexRay 车载网络通信标准第 1 部分：基本资料和使用案例定义及 ISO10681-2:2010-道路车辆 FlexRay 车载网络通信标准第 2 部分：通信层服务等标准。

随着 FlexRay 通信协议的逐步完善和标准化应用，必将使 FlexRay 成为继 CAN、Lin、

MOST等车用总线之后未来汽车网络的主流标准。第一款采用FlexRay的量产车于2006年底在BMWX5中推出,应用在电子控制减震系统中,2008年,全新BMW7系全面采用了FlexRay。另外,Audi、Mercedes-Benz以及别克等车型上也逐渐应用了FlexRay。

FlexRay总线的基本工作方式与使用至今的数据总线系统(CAN总线、Lin总线和MOST总线)不同。其基本工作方法可以通过观光电缆车来形象比喻:将电缆车站比作总线上的控制单元,电缆车比作信息框架,而观光客好比是信息本身。电缆车从山脚出发,到达山顶的时间基本上是预先规定好的,固定不变的。那么相类似的,在FlexRay上,信息从一个控制单元发出,到达另一个控制单元的时间也是预先设定好的。如果从山脚向上望,你会发现有些电缆车上有观光客,有些电缆车是空的。不管有没有观光客乘载,电缆车都在不停的运行,从山脚的车站,一直爬升到山顶的车站。那么FlexRay总线上也是如此,即使某一时刻,某一控制单元无信息要发出,那么它仍然会发出固定的数据框架。这就意味着数据发送的优先级(CAN BUS的特性)在FlexRay BUS上不复存在了。但是稍有不同的是,一辆空的电缆车在FlexRay网络上会被认为是发送错误。事实上,控制单元一直在不停的发送数据,如果有新的数据,那么控制单元就会发送新的数据,如果没有数据的变化,那么旧的数据还会再发送一遍。

4.1.1 汽车车载FlexRay总线的组成

FlexRay总线的组成同CAN总线基本相同,由总线节点(控制单元)、终端电阻、数据总线组成。

1. 总线节点

FlexRay总线节点是指汽车总线中能完成数据信号发送、接收及转发的电子控制单元(控制模块),是车载网络系统中的通信端点或终端设备。总线节点的核心是ECU(Electronic Control Unit),也就是节点在汽车联网系统中属于有源电子设备,线路连接点、配线架、插接板、线路结点不属于总线节点。同样,FlexRay节点的核心也是车载网络中独立完成相应功能的控制单元ECU,其主要由电源供给系统、主处理器、固化FlexRay通信控制器、可选的总线监控器和总线驱动器组成。主处理器提供和产生数据,并通过FlexRay通信控制器传送出去。其中驱动器和监控器的个数对应于通道数,与通信控制器和微处理器相连。总线驱动器连接着通信控制器和总线,或是连接总线监控器和总线。主处理器把FlexRay控制器分配的时间槽通知给总线监视器,然后总线监视器就允许FlexRay控制器在这些时间槽中传输数据,数据可以随时被接收。FlexRay的节点结构图如图4-1所示。

2. 终端电阻

FlexRay总线也与CAN总线一样,为了避免信息传到终端反射回来,对正在传输的信息造成干扰和影响,其终端也设置了终端电阻,终端电阻器的阻值由数据传输速率和导线长度决定。如果一个总线驱动器仅连接一个控制模块,则在总线和控制模块的接口各设置一个终端电阻。如果控制模块上的接口不是物理终止节点,每个总线路径两端的组件则以终端电阻终止。

3. 数据总线

FlexRay总线没有专用的线束插头,采用的仍然是传统的双绞线结构,线束直径0.35 mm^2,每30 mm长度为一个绞线结构。FlexRay线束的颜色如下:BusPlus(高线)玫瑰红,BusMinus(低线)浅绿色。

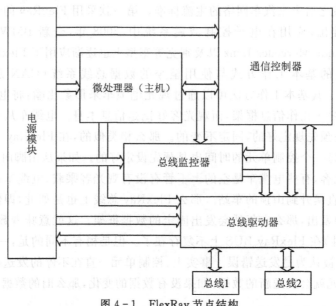

图 4-1 FlexRay 节点结构

4.1.2 汽车车载 FlexRay 总线的特点

FlexRay 总线目前主要应用在线控转向、线控动力、线控制动系统方面,用来进行车距控制、行驶动态控制和图像处理。FlexRay 总线支持同步数据传输(时间触发通信)和异步数据传输(事件驱动通信),既满足总线系统工作的可靠性要求,又具有较高的故障容错能力,是汽车安全及行驶动态管理系统控制单元的理想总线。FlexRay 总线与 CAN 总线的比较见表 4-1。

表 4-1 CAN 总线与 FlexRay 总线的比较

	CAN 总线	FlexRay 总线
布线	双绞线	双绞线
信号状态	"0":显式;"1":隐式	"空闲";"Data0";"Data1"数据
数据传输率	500 kb/s	10 Mb/s
访问方式	事件触发	时间触发
拓扑结构	总线,被动星型	点对点,主动星型,DaisyChain①
优先设定	先发送优先级别比较高的信息	无,数据在固定的时间点发送
确认信号	接收器确认接收到有效的数据帧	发送器不会获得数据帧是否正确传输的信息
故障日志	在网络中能用故障日志标记故障和错误	每个接收器自行检测接收到的数据帧是否正确
帧数据长度	有效数据最长 8 字节	有效数据最长 256 字节
传输	1. 按需要传输 2. 可以使用 CAN 总线的时间点由负载决定 3. CAN 总线可能超负载	1. 传输数据帧的时间点确定 2. 传输持续时间确定 3. 即使不需要,也保留时间槽
到达时间	不可知	可知

注:①DaisyChain="串联"控制单元依次串联的总线拓扑结构。

FlexRay 总线技术主要有以下几个特点：

(1) 通信带宽

FlexRay 带宽不受协议机制的限制,可进行单通道最快 10 Mb/s 速率的通信,当采用双通道冗余系统时,可达 2×10 Mb/s 的速率,远高于 CAN 总线。

(2) 时间确定性

FlexRay 总线采用时分多路的数据传输方式,以循环通信周期为基础,数据在通信周期中拥有固定位置,确保消息到达的时效性。

(3) 分布式时钟同步

FlexRay 总线使用基于同步时基的访问方法,且同步时基通过协议自动建立和同步,时基的精确度达到 $1\mu s$。

(4) 容错数据传输

FlexRay 总线具有专用决定性故障容错协议,支持多级别的容错能力,包括通过单通道或双通道模式,提供传输所需要的冗余和可扩展系统容错机制,确保数据传输的可靠性。

(5) 灵活性

FlexRay 总线支持总线型、星形、级联星形及混合型等多种拓扑结构,支持时间触发和事件触发通信方式,具有消息冗余传输或非冗余传输方式,且提供大量配置参数供用户灵活进行系统调整、扩展。

4.1.3 汽车车载 FlexRay 总线的拓扑结构

FlexRay 总线系统可以不同的拓扑结构和形式安装在车内。既可以采用线形总线拓扑结构,也可以采用星形总线拓扑结构,还可以采用混合总线拓扑结构。

1. 线形总线拓扑结构

在线形总线拓扑结构中,如图 4-2 所示,所有控制单元都通过一个双线总线连接。该总线采用了两根铜芯双绞线,CAN 总线也使用这种连接方式。线形拓扑结构在两根导线上传输相同的信息,但电平不同。线形拓扑结构所传输的差分(差动)信号不易受到干扰,仅适用于电气数据传输。

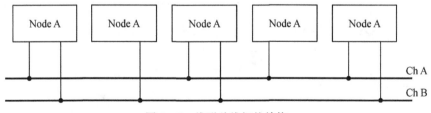

图 4-2 线形总线拓扑结构

2. 星形总线拓扑结构

在星形总线拓扑结构中,如图 4-3 所示,卫星式控制单元分别通过一个独立的导线与中央主控制单元连接。这种星形拓扑结构既适合于电气数据传输,也适合于光学数据传输。

3. 混合总线拓扑结构

在混合总线拓扑结构中,如图 4-4 所示,在同一个总线系统内可以使用不同的拓扑结构。总线系统的一部分采用线形结构,另一部分为星形结构。

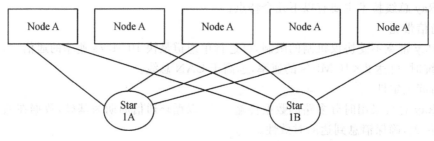

图 4-3 星形总线拓扑结构

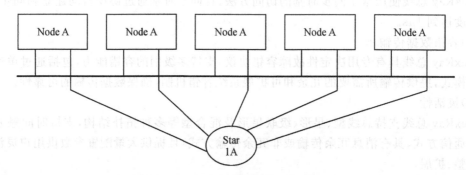

图 4-4 混合型总线拓扑结构

图 4-5 是 2010 款奥迪 A8 的网络拓扑图,其中支路 3 为点对点连接的主动星形拓扑结构,支路 1、2 和 4 为总线型拓扑结构。数据总线诊断接口 J533 用作控制器,上面有 4 个支路(支线)接口。其他总线用户围绕着数据总线诊断接口 J533 分布在若干支路上。其中,主动星形连接器以及支路上的"末端控制单元"终接低电阻(内电阻较低),而"中间控制单元"则终接高电阻(内电阻较高)。

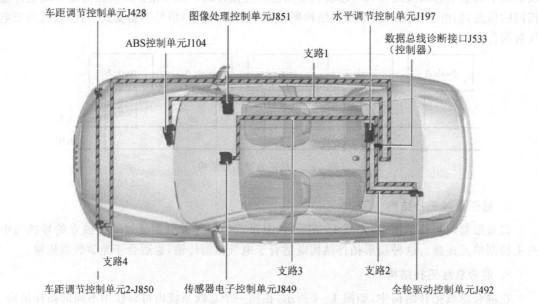

图 4-5 2010 款奥迪 A8 的网络拓扑图

一条 FlexRay 支路上的"中间控制单元"通过 4 个芯脚与 FlexRay 总线连接,其中两个用来将总线信号"转送"给下一个控制单元;另外两个用于直接与 FlexRay 总线通信。"节点控制单元",例如 ABS 控制单元 J104,只有两个芯脚。

4.2 汽车车载 FlexRay 总线工作

1. 汽车车载 FlexRay 总线的通信周期

FlexRay 新一代车载总线具备高传输速率、硬实时、高安全性和灵活性的特点,采用周期通信的方式。在 FlexRay 总线上,信息通过"通信周期(Communication Cycles)"传输,通信周期不断循环,也就是说,接连不断,一个通信周期持续 5 ms。通信周期由静态段、动态段和网络空闲时间(空载)组成,如图 4-6 所示。

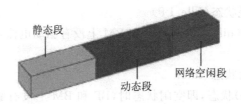

图 4-6 汽车 FlexRay 总线的通信周期

(1)静态段

静态段在总线用户之间传递信息。为了传输数据,静态段被分为 62 个时隙,即"时间槽"。一个静态时隙只能发送到一个特定的总线用户中,但是,所有总线用户可以接收所有静态时隙,也包括那些与它没有确定关系的时隙。

所有静态时隙的长度都相等,都是 42 字节,时隙的顺序固定不变。在接连不断的通信周期中,各个静态段传输不同内容的信息。一般情况下,无论是否所有时隙都承载信息,整个时隙结构都会被传输。在奥迪车上,总线用户还会持续发送"Update Bit"。

(2)动态段

动态段被分成若干最小时隙,所有总线用户都会接收动态段。动态段是通信周期中为了能够传输事件触发的数据而预留的位置。

(3)网络空闲时间

网络空闲时间就是网络静止时间。在这段时间内,FlexRay 总线上没有信息传输。数据总线诊断接口 J533 需要用这段时间同步 FlexRay 总线上数据传输的过程。所有总线用户利用网络空闲时间使内部时钟与全球时基同步。

2. 汽车车载 FlexRay 总线的工作模式

FlexRay 总线的两条总线电缆分别表示为 BP 和 BM,BP 代表高线电压,BM 代表低线电压,2 条导线上的电平在最低值 1.5 V 和最高值 3.5 V 之间变换,线上电压(对地测量)分别表示为 uBP 和 uBM。总线上的差分电压定义为 $uBus = uBP - uBM$。FlexRay 总线根据工作状态不同可分为 4 种状态,即 Idle_LP、Idle、Data_1、Data_0,如图 4-7 所示。

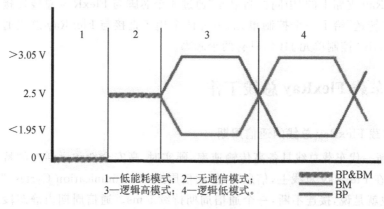

1—低能耗模式；2—无通信模式；
3—逻辑高模式；4—逻辑低模式。

图4-7 FlexRay总线工作状态

(1) 总线状态：低功耗状态(Idle_LP)

总线处于低功耗状态(Idle_LP)时，BP和BM上没有驱动电流，BD(总线驱动器)将BP和BM全部拉偏到对地电压。

(2) 总线状态：无通信状态(Idle)

总线进入无通信(Idle)状态，即空闲状态时，BP和BM上没有驱动电流，相连的总线驱动器BD将BP和BM都拉偏到一个确定电压。BD并不区分Idle和ldle_LP，两根导线上的电平均为2.5 V。

(3) 总线状态：逻辑高状态(Data_1)

驱动总线进入逻辑高状态(Data_1)时，BP上高电平，BM上低电平，BD在BP和BM之间建立正差分电压(BP-BM>0)。

(4) 总线状态：逻辑低状态(Data_0)

驱动总线进入逻辑低状态(Data_0)时，BP上低电平，BM上高电平，BD在BP和BM之间建立负差分电压(BP-BM<0)。

根据FlexRay的4种工作状态，FlexRay网络分为三种模式，即休眠、怠速与苏醒模式，FlexRay网络从怠速模式到Data_0是主动变化的。

FlexRay网络休眠模式：总线处于Idle_LP(低功耗)状态，BP和BM上没有驱动电流，BP和BM全部为对地电压。

FlexRay网络怠速模式：总线处于Idle(无通信)状态，BP和BM上没有驱动电流，BP和BM全部为2.5 V。

FlexRay网络苏醒模式：总线处于苏醒状态，BP和BM上有差分电压，总线上有信息传递。

3. 汽车车载FlexRay总线的休眠与唤醒

(1) 休眠

为了节省资源，部分节点在不工作状态时，会进入"节电模式"。

以2010年的奥迪A8为例，FlexRay总线正常工作时，两条导线上的电平在最低值1.5 V和最高值3.5 V之间变换，接收器通过2个信号的差别确定本来的比特状态，如果在640~2660 μs之内，总线上没有变化，则FlexRay总线自动进入休眠模式(空闲)。此时总线驱动器上的唤醒时间检测模块仍然处于工作状态，用来检测总线上的唤醒信号。

(2) 唤醒

当处于休眠的节点须要再次工作时,就须要"唤醒"它们,主机可以在通信信道上传输唤醒模式,当节点接收到唤醒特征符后,主机处理器和通信控制器才进行上电。

FlexRay 总线的唤醒是唤醒控制单元将一个所谓的唤醒符号发送到 FlexRay 总线上,也有的车型是通过一根唤醒导线进行唤醒。第一个向 FlexRay 总线发送信息的冷态启动控制单元开始网络的启动过程,启动后,FlexRay 总线才有真正的通信。只有当 2 个以上其他总线用户在 FlexRay 总线上发送信息后,非冷态启动控制单元才可以发送信息。

初始一个启动过程的行为被称为冷启动(Coldstart),能启动一个起始帧的节点是有限的,它们称作冷启动节点(Coldstart Node)。在至少由 3 个节点组成的簇中,至少要有 3 个节点被配置为冷启动节点。以 2010 年奥迪 A8 为例,冷态启动和同步控制单元有:数据总线诊断接口 J533、ABS 控制单元 J104、电子传感器控制单元 J849。非冷态启动控制单元有:车距控制装置控制单元 J428、车距控制装置控制单元 2J850、图像处理控制单元 J851、四轮驱动系统控制单元 J492、水平高度调节系统控制单元 J197(详见图 4-5)。

4.3 汽车车载 FlexRay 总线的检测

1. 汽车车载 FlexRay 总线的诊断仪检测

以 2010 款奥迪 A8 为例,数据总线诊断接口 J533 可以识别到网络中的故障,并使没有故障的区域继续工作。故障可能仅出现在某一部分网络内,但是也有可能涉及整个网络。下述 FlexRay 总线故障可以用车辆诊断测试仪诊断(地址码 19——数据总线诊断接口):

① 控制单元无通信。
② FlexRay 数据总线损坏。
③ FlexRay 数据总线初始化失败。
④ FlexRay 数据总线信号出错。

出现故障时,FlexRay 总线的表现如下:

① 一条导线搭铁短路:数据总线诊断接口 J533 识别到一个持续不变的压差,相关的总线支路关闭,直到再次空闲,也就是说,识别到休眠模式的电平。

② 两条导线相互短路:数据总线诊断接口 J533 识别到空闲电压持久不变,该总线支路上再也无法发送和接收数据。

③ 控制单元持续发送空闲:数据总线诊断接口 J533 识别到总线支路空闲,并关闭总线支路。

2. 汽车车载 FlexRay 总线终端电阻的检测

FlexRay 总线终端电阻出现故障时,可以通过查阅维修手册、查看电路图及网络拓扑图,摸清终端电阻器的连接及逻辑关系,然后进行终端电阻阻值的测量,分析测量结果,判断总线故障原因,确定故障部位。一般总线在两个传输终端设置的终端电阻值大约为 90~110 Ω,通常采用并联测量,阻值约为 45~55 Ω。可以通过测出的电阻值判断总线断路点及短路范围。

以 2011 年奥迪 A7 Sportback 为例,该车的 FlexRay 总线拓扑图如图 4-8 所示。在每个 FlexRay 数据总线分支的末端,各个控制单元上都有两个串联电阻,每个电阻的阻值是 47 Ω。中间的控制单元也都有两个串联电阻,但每个电阻的阻值是 1.3 kΩ。在查寻故障时,可以使用万用表来测量这些电阻,如果拔下控制单元后再测量控制单元针脚,测得的显然是相应控制单元的总电阻。在进行故障诊断时,若未拔下控制单元,同样也可以进行故障诊断与排除,图4-9展示的是以分支4为例来说明的故障诊断步骤:

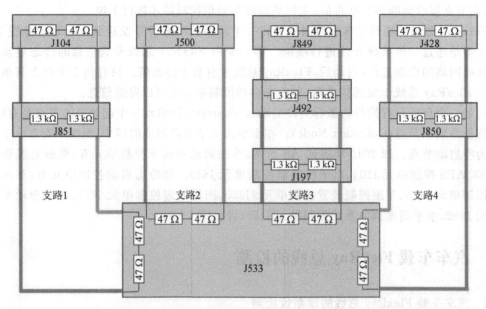

图4-8 奥迪 A7 Sportback FlexRay 总线拓扑图

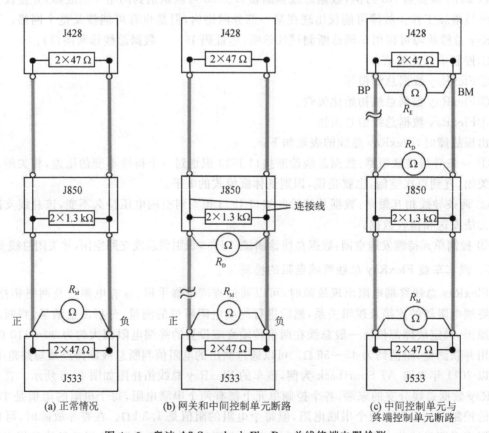

(a) 正常情况　　(b) 网关和中间控制单元断路　　(c) 中间控制单元与终端控制单元断路

图4-9 奥迪 A7 Sportback FlexRay 总线终端电阻检测

① 在正常情况下,如图 4-9(a)所示,本支路中所有控制单元都正常连接在系统中,利用万用表在网关 J533 的 FlexRay 总线针脚处通过背插检测,阻值 R_M 应为 47 Ω 左右。

② 若网关和中间控制单元断路,如图 4-9(b)所示,本支路中所有控制单元都正常连接在系统中,利用万用表在网关 J533 的 FlexRay 总线针脚处通过背插检测,阻值 R_M 应为 94 Ω 左右;此时若拔掉网关 J533,还在原针脚处测量,阻值 R_M 应为无穷大;若再拔下终端电阻控制单元 J428,测量 R_D 阻值约为 2.6 kΩ。

③ 若中间控制单元与终端控制单元断路,如图 4-9(c)所示,本支路中所有控制单元都正常连接在系统中,利用万用表检测,阻值 R_M 应为 94 Ω 左右,R_E 应为 94 Ω 左右;在中间处测量 R_D 应为 94 Ω;此时若拔掉网关 J533,测量阻值 R_D 约为 2.6 kΩ。

3. 汽车车载 FlexRay 导线电阻的检测

FlexRay 总线的导线好坏直接影响总线上数据的传输,所以当 FlexRay 总线出现故障时,也要对 FlexRay 总线的导线电阻进行测量。检测 FlexRay 导线电阻时必须根据车辆电路图来进行,按照电路图的各个控制单元之间的连接关系,通过拔下相关控制单元来进行检测。

FlexRay 导线电阻的检测结果无法 100% 地判断出系统功能正常与否。例如出现挤压变形或插头腐蚀等损坏情况时,在静态模式下电阻值可能位于公差范围内,但在动态模式下,电气影响可能会引起波阻抗提高,从而出现数据传输问题,因此,应仔细阅读维修手册和电路图,进行针对性测量。

4. 汽车车载 FlexRay 总线工作电压的检测

可以使用万用表来简单测量 FlexRay 系统的工作电压,将万用表的一根导线接在高线或低线上,将另一根导线接地即可,FlexRay 系统电压的测量可参照 CAN 总线进行。正常情况下,FlexRay BP 的电压值在 2.6 V 左右,FlexRay BM 的电压值在 2.4 V 左右。如果实测值为 0 V,说明对地短路;如果实测值为 12 V,说明对电源短路;如果某一条支路测量电压正常,并不能说明总线其他支路也正常,还应该对所有支路的电压进行测量判断。

5. 汽车车载 FlexRay 总线波形的检测

测量 FlexRay 系统波形时,需要专用的示波器。将实测波形与标准波形比对,可以判断 FlexRay 总线系统故障原因及故障点。如果某一条支路波形正常,并不能说明总线其他支路也正常,还应该对所有支路的波形进行测量分析。

FlexRay 总线系统是数据传输率较高且电压电平变化较快的通信总线,图 4-10 为 FlexRay 总线信号的正常波形。

6. 汽车车载 FlexRay 总线故障诊断思路

(1) FlexRay 总线故障成因

FlexRay 总线故障一般可以分为以下 3 种:

① 电源故障。如果汽车电源系统提供的工作电压低于 FlexRay 总线节点(控制模块)的正常工作电压,节点(ECU/Node)可能短暂地停止工作,从而造成整个车载网络系统暂时无法通信。此时,应首先排除汽车电源系统故障,然后再检查 FlexRay 总线的供电是否正常。

② 总线链路故障。当汽车总线系统的通信线路出现故障(如双绞线互相短路、对电源短路、对地短路或者总线断路)时,会导致总线链路上的控制模块无法正常工作。对于这类故障,可以借助示波器读取总线波形进行判断、排除。

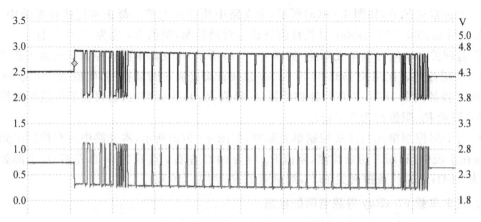

图 4-10 FlexRay 总线信号的正常波形

③ 总线节点(控制模块)故障。控制模块故障一般包括软件故障和硬件故障两类。软件故障一般表现为协议或程序出现缺陷或发生冲突,从而导致总线信息传送出现混乱或无法正常传输;硬件故障一般是控制模块部件、集成电路及接口损坏。控制模块的软件故障一般扎堆出现且难以修复,而硬件故障则可以通过替换法进行排除。

(2) FlexRay 总线故障诊断思路

对于 FlexRay 总线系统的故障,可使用车辆专用诊断仪读取故障码、查看数据流、读取总线波形进行综合分析和判断。通过查阅车辆维修手册,分析网络拓扑图及控制策略,梳理逻辑关联,确定故障成因。

(3) FlexRay 总线维修

FlexRay 导线和 CAN 导线一样绞扭,还包裹一层外衣。但这层外衣不是为了屏蔽电磁干扰,而是为了将外部因素,例如湿度和温度,对导线特性阻抗的影响减至最低。原则上,在维修中,FlexRay 总线的导线可以分段更换。

如果 FlexRay 导线需要维修,需注意以下几点:

①维修时两根导线的长度必须相同。

②必须保留 30 mm 的捻距,如图 4-11 所示。

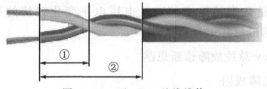

图 4-11 FlexRay 总线维修

③未扭转的导线长度最大为 50 mm(FlexRay 数据导线同 CAN 总线为双绞线,可以抗干扰并且不干扰外界)。

④剥去外皮的导线长度最大为 100 mm(FlexRay 数据导线比 CAN 数据导线多了电缆外皮,起到电介体作用,从而保证与车身距离恒定,与车身间的容抗恒定)。

⑤维修时需要将一个带有压缩软管和内粘胶的卷边连接器放到未扭转的维修位置上,并将一根防水绝缘条缠绕在剥去外皮的导线上。

任务实施

任务1 FlexRay 总线的诊断仪检测

在将诊断仪接到诊断接口上,进入网关19,通过网关查看故障记录。在网关菜单中可通过选择08来查看测量数据块,随后输入想要查看的测量数据块的号码。根据自己的测试过程填写表4-2(如果没有故障可以预先设一个故障)。

表4-2 FlexRay 总线诊断仪的检测

测试人		测试时间	
测量车型			
使用工具设备			
操作方法步骤			
测量故障码			
测量数据流			
根据测量结果分析故障原因:			

任务 2　绘制 FlexRay 总线拓扑图

根据测试车型,查找相关资料,汇出本车型的 FlexRay 总线网络拓扑图,填写表 4-3。

表 4-3　FlexRay 总线拓扑图

测试人		测试时间	
测量车型			
使用工具设备			
画出该车 FlexRay 总线网络拓扑图			

任务 3　FlexRay 总线的终端电阻检测

根据测试车型,查找相关资料,测量总线终端电阻。根据自己的测量步骤,填写表 4-4。

表 4-4　FlexRay 总线终端电阻测试

测试人		测试时间		实操二维码
测量车型				
使用工具设备				
FlexRay 总线终端电阻测试步骤及阻值				

任务 4 FlexRay 总线波形检测

利用示波器测量 FlexRay 总线波形(该波形需要通过专用示波器进行测试),根据测量过程填写表 4-5。

表 4-5 FlexRay 总线波形测量

测试人		测试时间		实操二维码
测量车型				
使用工具设备				
操作方法步骤				
画出标准波形				

知识测评

1. FlexRay 总线没有专用的线束插头,采用的仍然是(　　)结构。
   A. 光纤　　　　　　　　B. 单根导线　　　　　　C. 双绞线

2. FlexRay 总线的传输速度是(　　)。
   A. 100 kb/s　　　B. 500 kb/s　　　C. 10 Mb/s　　　D. 20 Mb/s

3. FlexRay 总线事件的触发方式是(　　)。
   A. 事件触发　　　　　　B. 时间触发

4. FlexRay 带宽不受协议机制的限制,当采用双通道冗余系统时,可达(　　)的速率。
   A. 100 kb/s　　　B. 500 kb/s　　　C. 10 Mb/s　　　D. 20 Mb/s

5. FlexRay 总线一个通信周期持续(　　)ms。
   A. 5　　　　　　B. 6　　　　　　C. 7　　　　　　D. 8

6. FlexRay 总线的两条总线电缆分别表示为 BP 和 BM,高线电压 BP 的电压在(　　)V 之间变化。
   A. 1.5～2.5　　　B. 1.5～3.5　　　C. 2.5～3.5

7. FlexRay 总线的两条总线电缆分别表示为 BP 和 BM,低线电压 BM 的电压在(　　)V 之间变化。
   A. 1.5～2.5　　　B. 1.5～3.5　　　C. 2.5～3.5

8. FlexRay 总线处于低功耗状态(Idle_LP)时,高线电压 BP 的电压为(　　)V。
   A. 0　　　　　　B. 2.5　　　　　C. 5　　　　　　D. 12

9. FlexRay 总线处于低功耗状态(Idle_LP)时,低线电压 BM 的电压为(　　)V。
   A. 0　　　　　　B. 2.5　　　　　C. 5　　　　　　D. 12

10. FlexRay 总线处于无通信状态(Idle)时,高线电压 BP 的电压为(　　)V。
    A. 0　　　　　　B. 2.5　　　　　C. 5　　　　　　D. 12

11. FlexRay 总线处于无通信状态(Idle)时,低线电压 BM 的电压为(　　)V。
    A. 0　　　　　　B. 2.5　　　　　C. 5　　　　　　D. 12

12. FlexRay 总线处于逻辑高状态(Data_1)时,高线电压 BP 的电压(　　)低线电压 BM 的电压。
    A. 大于　　　　　B. 小于

13. FlexRay 总线处于逻辑高状态(Data_1)时,低线电压 BM 的电压(　　)高线电压 BP 的电压。
    A. 大于　　　　　B. 小于

14. FlexRay 总线处于逻辑低状态(Data_0)时,高线电压 BP 的电压(　　)低线电压 BM 的电压。
    A. 大于　　　　　B. 小于

15. FlexRay 总线处于逻辑低状态(Data_0)时,低线电压 BM 的电压(　　)高线电压 BP 的电压。
    A. 大于　　　　　B. 小于

16. FlexRay 网络工作模式有(　　)。

A. 休眠模式　　　　B. 怠速模式　　　　C. 苏醒模式　　　D. 以上都是
17. FlexRay 网络休眠模式就是总线处于（　　）状态。
   A. 低功耗状态（Idle_LP）　　　　　　B. 无通信状态（Idle）
   C. 逻辑高状态（Data_1）　　　　　　D. 逻辑低状态（Data_0）
18. FlexRay 网络处于苏醒模式时，高线电压 BP 的电压在（　　）V 之间变化。
   A. 1.0～2.0　　　B. 1.5～2.5　　　C. 1.5～3.5
19. FlexRay 总线处于怠速模式时，高线电压 BP 的电压为（　　）V。
   A. 0　　　　　　B. 2.5　　　　　C. 5　　　　　　D. 12
20. 利用万用表测量 FlexRay 的工作电压，正常情况下 BP 的电压值在（　　）V 左右。
   A. 2.4　　　　　B. 2.5　　　　　C. 2.6

项目五 汽车车载 MOST 总线系统检修

 知识目标

1. 了解 MOST 总线的特点及应用;
2. 掌握 MOST 总线的组成及工作原理;
3. 掌握 MOST 总线的故障分析及诊断方法。

能力目标

1. 会查阅相关维修技术资料;
2. 能够正确使用 MOST 总线检测工具;
3. 能够进行常见 MOST 总线故障的检测与维修。

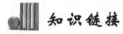 **知识链接**

5.1 汽车车载 MOST 总线的认知

在汽车影音娱乐和信息显示系统中,为保证音质清晰、画面流畅,需要传输的数据量很大,对传输速率要求也很高。CAN 总线的信息传输能力在这方面显得捉襟见肘,无能为力。为满足上述要求,特别开发了光学总线系统。

目前,应用较多的汽车光学总线系统主要有 DDB、MOST 和 byte flight 三类。其中,早期的奔驰车系的影音娱乐系统多采用 DDB 技术,而宝马和奥迪车系的影音娱乐系统则采用 MOST。byte flight 技术是 BMW 车系独有的,应用于宝马车系集成化智能安全系统(Intelligent Safety Integrated System,ISIS)的安全气囊控制系统。在三类光学总线中,以 MOST 的应用最为广泛。本章内容主要介绍 MOST 总线系统。

MOST 是"Media Oriented Systems Transport"的缩写,即多媒体传输系统,是一种用于多媒体数据传送的网络系统。MOST 采用塑料光缆作为传输介质,将音响装置、电视、全球定位系统及电话等设备相互连接起来,给用户带来了极大的便利,主要用于信息娱乐系统的数据传输。汽车系统采用 MOST 总线之后,不仅大大提高了传输速度,还可以减轻连接各个部件之间线束的质量,降低噪声,而且其支持"即插即用"方式,在网络上可以随时添加和去除设备,最终可以在用户处实现各种设备的集中控制。

MOST 始于 20 世纪 90 年代中期,是宝马、戴姆勒·克莱斯勒等公司之间的一项联合成果。1998 年,参与各方建立了一个自主的实体,即 MOST 协作组织,由它控制总线的定义工作,并结合 17 家国际级的汽车制造商与超过 50 家的关键汽车组件供货商,共同研发了

MOST 技术。

5.1.1 汽车车载 MOST 总线的组成

汽车 MOST 数据总线是为车载多媒体系统组件的互相连接而设计的,除了传统的娱乐功能外(如收音机或 CD 机),现代汽车,特别是高档车中的多媒体系统还能提供视频功能(DVD 和 TV)、导航功能、手机通信和其他的信息功能。MOST 数据总线是由光纤将网关和控制单元连成的一个环形网络。图 5-1 为 MOST 总线被运用在奥迪车系的信息娱乐系统中。

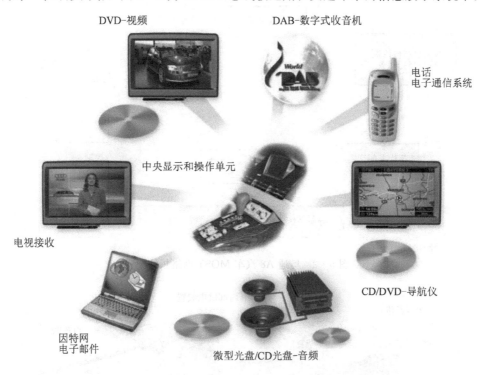

图 5-1　奥迪 A8 汽车信息娱乐系统

MOST 总线在汽车上采用环形网络拓扑结构,各控制单元之间通过一个环形数据总线连接,该总线只向一个方向传输数据,因此,一个控制单元总是拥有 2 根光纤,一根用于发射机,另一根用于接收机。图 5-2 所示为奥迪 A8 的 MOST 总线拓扑结构。

1. MOST 控制单元

MOST 总线上控制单元的设计如图 5-3 所示。

(1)光导纤维-光导插头

通过光导插头,光信号可以进入控制单元内,或者将光信号转发至下一控制单元。

(2)内部供电装置

由电气插头送入的电再由内部供电装置分送到各个部件。这样就可单独关闭控制单元内某一部件,从而降低静态电流。

(3)电气插头

该插头用于提供电源、环路故障诊断,信号输入与输出。

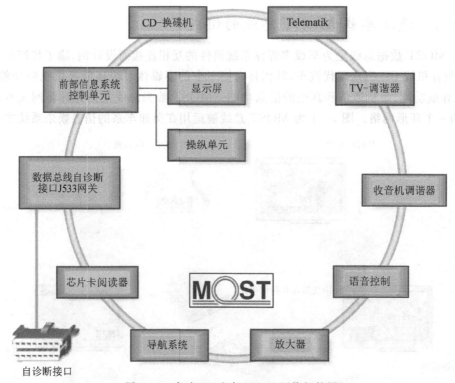

图 5-2　奥迪 A8 汽车 MOST 网络拓扑图

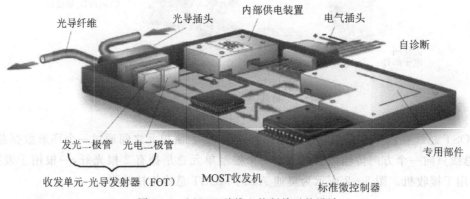

图 5-3　MOST 总线上控制单元的设计

(4)收发单元-光导发射器(FOT)

该装置由一个光电二极管和一个发光二极管构成。到达的光信号由光电二极管转换成电压信号后传至 MOST 收发机。发光二极管的作用是把 MOST 收发机的电压信号再转换成光信号。发光二极管发射的光线是波长 650 nm 的红色可见光。数据以光波调制的形式进行传输。紧接着,调制光波将通过光导纤维传送到下一个控制单元。

(5)MOST 收发机

如图 5-4 所示,MOST 收发器由两部分组成:发射器(transmitter)和接收器(receiver)。发射器将要发送的信息作为电压信号传至光导发射器。接收器接收来自光导发射器的电压信号并将所需的数据传至控制单元内的标准微控制器(CPU)。其他控制单元不需要的信息由收发机来传送,而不是将数据传到 CPU 上,这些信息将原封不动发至下一个控制单元。

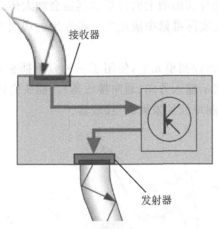

图 5-4　MOST 收发器

(6)标准微控制器(CPU)

标准微控制器(CPU)是控制单元的核心元件,它的内部有一个微处理器,用于操纵控制单元的所有基本功能。

(7)专用部件

这些部件用于控制某些专用功能,例如 CD 播放机和收音机调谐器等。

2. 光导纤维

光导纤维用于连接一个控制单元的发射器与下一个单元的接收器。常用的光缆有塑料光缆和玻璃纤维光缆两种,在汽车中一般应用塑料光缆。

光导纤维用于传输光信号必须达到的要求:在传输光纤时,必须保证较小的能量衰减;在光纤拐弯处,光线也能正常传输;光导纤维必须具有一定的弹性;光导纤维必须在 $-40\sim85$ ℃ 范围内能够可靠运行。

如图 5-5 所示,光导纤维内外包括 4 层。最中间的纤芯是内核层,有机玻璃材质,是实际光纤导体,由于全反射的原因,光线在其中传播时几乎没有损失。反射涂层紧紧包裹内核层,

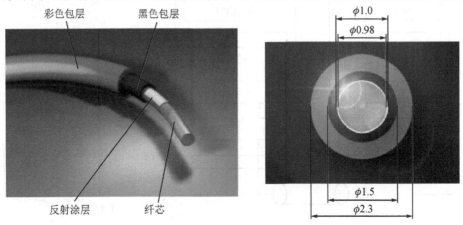

图 5-5　MOST 光纤的结构

材质是全透明的含氟聚合物,它包在纤芯周围,对全反射起关键作用。再外围的黑色包层(尼龙)用来隔断外界的入射光,最外面的彩色外层起到识别、保护及隔温作用。

在实际使用或维修中,光纤切削面上的污垢和刮痕会加大传送损失(衰减),因此为了能使传输过程中的损失尽量小,在实际维修中应使用一种专用的切削工具,保证光导纤维的端面光滑、垂直、洁净。

为了能将光导纤维连接到控制单元上,使用了一种专用插头,如图5-6所示。插塞连接上有一个信号方向箭头,它表示输入方向(通向接收器)。插头壳体就是与控制单元的连接处,光通过纤芯的端面传送至控制单元的发射器/接收器。

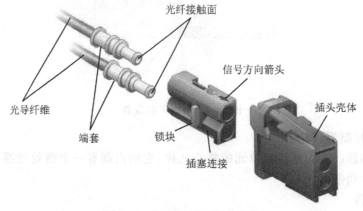

图5-6 MOST光纤插头结构

5.1.2 汽车车载MOST总线的工作原理

MOST总线基于环形拓扑,从而允许共享多个发送和接收器的数据。在光纤环路系统中,各控制单元通过光纤组成一个封闭的环形结构(如图5-2所示),各控制单元通过光纤以相同的方向在环路中发送数据到相邻的下一个控制单元。在每个控制单元中,各有1个光纤导体(FOT发射单元)负责光波的传递,如图5-7所示,它由1个光电二极管和1个发光二极

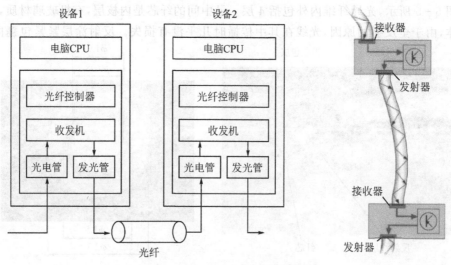

图5-7 MOST光波传递示意图

管组成。到达的光波信号由光电二极管转化为电压信号,并继续传输给传输接收器。发光二极管的任务是将 MOST-BUS 传输接收器的电压信号转化为光纤信号,产生波长为 650 nm 的红色光波。数据将通过光波的调制来传输,经调制后的光线接着将通过光波导体被导向下一个控制单元。

光波在沿光导纤维的传输过程中,只有一部分是沿直线传输的,绝大部分是按全反射原理在纤芯表面以之字形曲线传送的,如图 5-8 所示。当一束光以小角度照射到折射率高的材料(纤芯)和折射率低的材料(涂层)之间的界面时,光束就会在纤芯的内部被完全反射。这种全反射效应取决于从内部照射到界面的光波角度,如果角度过陡,也就是光导纤维弯曲或弯折过度时,光波就会离开纤芯从而造成很大的损失。所以,光导纤维的曲率半径不可小于 25 mm。

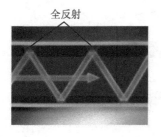 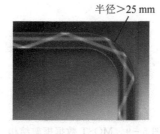 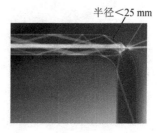

图 5-8 MOST 光波传递原理图

5.1.3 汽车车载 MOST 总线的特点

MOST 总线是一种基于同步数据通信的通用、高性能以及低成本的网络技术标准,特别适合于 CD 品质的声音信号传输、环绕音频信号传输和高质量的视频信号等实时应用,它也支持网络设备间控制数据和突发数据的传输。它可以在单主或多主通信环境下支持最多可至 64 个节点的通信,每个节点都能即插即用。

MOST 的主要特点如下:
① 低成本,数据传输速率高,可以达到 24.8 Mb/s,目前有些已经达到 150 Mbit/s。
② 无论是否有主控计算机它都可以工作。
③ 使用塑料光缆优化信息传送质量。
④ 支持声音和压缩图像的实时处理。
⑤ 支持数据的同步传输和异步传输。

5.2 汽车车载 MOST 总线的数据信息

1. 汽车车载 MOST 总线数据框架结构

在 MOST 总线中,系统管理器与诊断管理器一同负责 MOST 总线内的系统管理。在 2003 年型的奥迪 A8 上,如图 5-2 所示,数据总线诊断接口 J533(网关)起诊断管理器的作用,前部信息系统控制单元 J523 执行系统管理器的功能。

MOST 总线系统管理器以 44.1 kHz 脉冲频率向环状总线上的下一个控制单元发送信息帧(Frames)。由于使用了固定的时间光栅,脉冲频率允许传递同步数据。同步数据传递诸如声音和动态图象(视频)等信息,这些信息必须以相同的时间间隔来发送。44.1 kHz 这个固定的脉冲频率与数字式音频装置(如 CD 机、DVD 机、DAB 收音机)的传递频率是相同的,这样就可以将这些装置连接到 MOST 总线上了。一个信息帧的大小为 64 字节(一个字节等于 8位),可分成以下几部分,如图 5-9 所示。

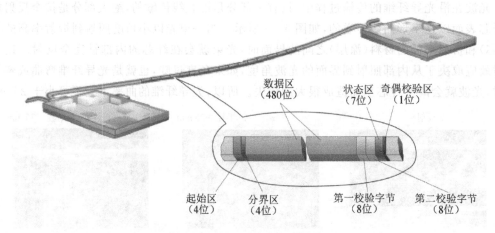

图 5-9 MOST 数据框架结构

起始区又称前同步码或报文报头,表示一个信息帧的开始,每段信息帧都有自己的起始区。

分界区用于区分起始区和紧跟着的数据区。

数据区最多可将 60 个字节的有效数据发送到控制单元,数据分为两种类型,一种是声音和视频作为同步数据,另一种是图片、用于计算的信息及文字作为异步数据。数据区的分配是可变的,数据区的同步数据在 24~60 个字节之间,同步数据的传递具有优先权。异步数据根据发射器/接收器的地址(标识符)和可用异步总容量,以 4 个字节为一个数据包被记录并发送到接收器上。

两个校验字节传递以下信息:一是校验发射器/接收器地址(标识符),另一个是校验接收器的控制指令(如放大器声大/声小)。一个信息组中的校验字节在控制单元内汇成一个校验信息帧。一个信息组中有 16 个信息帧。校验信息帧内包含有控制和诊断数据,这些数据由发射器传送到接收器,称为根据地址进行的数据传递。

状态区包含用于给接收器发送信息帧的信息。

奇偶校验区用于最后检查数据的完整性,该区的内容将决定是否需要重复一次发送过程。

2. 汽车车载 MOST 总线的数据组成

为了满足数据传输的各种不同要求,每一个 MOST 数据总线信息分为 3 个部分,如图 5-10 所示:

①同步数据——实时传送音频信号、视频信号等流动型数据。

②异步数据——传送访问网络及访问数据库等的数据包。

③控制数据——传送控制信号及控制整个网络的依据。

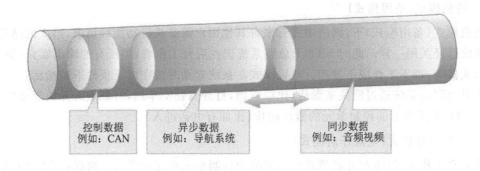

图 5-10 MOST 总线信息的组成

5.3 汽车车载 MOST 总线的工作过程

5.3.1 汽车车载 MOST 总线工作模式

MOST 总线根据工作状态不同可分为 3 种模式,即休眠模式、待机模式和正常工作模式(电源开启模式),如图 5-11 所示。

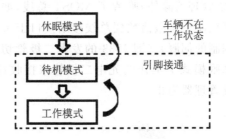

图 5-11 MOST 系统工作状态

1. 休眠模式

休眠状态下,该网络上的控制单元都不工作,MOST 总线中没有数据交换,如图 5-2 所示,只有系统管理器 J523 发出光学起始脉冲后,才被激活。环形系统上的工作电流降低到最低值。休眠模式激活的条件:

① MOST 总线中的所有控制单元都准备就绪,可切换至休眠模式。

② 其他总线系统没有通过网关提出任何要求。

③ 自诊断未激活。

在上述条件下,MOST 总线可以通过下列方式切换至休眠模式:

① 如果起动发动机机或蓄电池放电,电瓶管理模块通过网关进行切换。

② 通过自诊断仪器激活"传输模式"。

2. 待机模式(备用模式)

待机模式(备用模式)下,网络中没有来自其他用户需要执行功能的请求,给人的感觉就好象是系统已经关闭一样。此时 MOST 总线系统仍在后台工作着,但所有的输出媒介(显示屏、音频放大器等)都不工作或不发声。待机模式在系统起动时或在以下条件下被激活:

① 其他网络系统通过网关来激活,比如解锁,打开驾驶室车门,打开点火开关等动作。
② MOST 系统上的控制单元的激活动作(比如有电话进入)。

3. 正常工作模式(电源开启模式)

在正常工作模式(电源开启模式)下,网络中控制单元被完全激活。数据在 MOST 总线上进行交换,输出媒介(显示屏、音频放大器等)工作或发声。该模式下,用户可以使用所有的功能,该模式激活的条件如下:

① MOST 总线系统处于备用模式。
② 由其他数据总线通过网关激活,例如:S 触点,显示屏工作。
③ 通过用户的功能选择来激活,例如:通过多媒体操作单元 E380。

5.3.2 汽车车载 MOST 总线系统启动(唤醒)

不同汽车的车载 MOST 总线的系统启动(唤醒)方式都不相同,下面以奥迪 A8 为例进行说明。

如果一个控制单元(系统管理器除外)唤醒了 MOST 总线,如图 5-12 所示,无线电遥控器的无线信号通过中央门锁控制单元激活数据总线诊断接口 J533,则该控制单元就会向下一个控制单元发射一种专门调制的伺服光(即 J533 的发光二极管切换到伺服灯)。环状总线上的下一个控制单元通过在休眠模式下工作的光电二极管来接收这个伺服光并将此光继续下传。该过程一直进行到系统管理器为止。

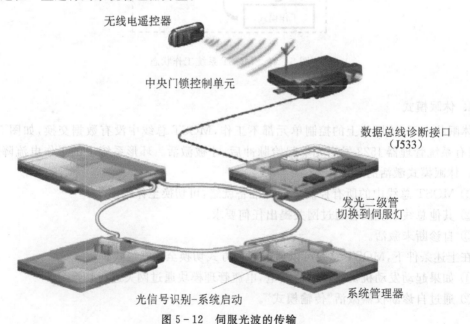

图 5-12 伺服光波的传输

系统管理器根据传来的伺服光来识别是否有系统起动的请求,确认后系统管理器就向下一个控制单元发送一种专门调制的光(称为主光),这个主光由所有的控制单元继续传递,光导发射机(FOT)接收到主光后,系统管理器就可识别出环形总线现在已经封闭了,可以开始发送信息帧了,如图5-13所示。

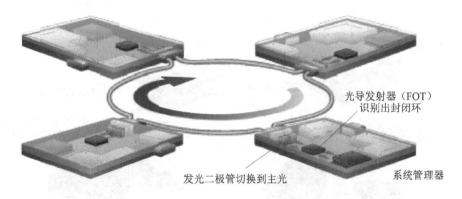

图5-13 主光波的传输

信息帧由系统管理器发送,首批信息帧要求MOST总线上的控制单元提供校验发射器/接收器地址(标识符)。系统管理器根据标识符向环形总线上的所有控制单元发送实时顺序(实际配置),这使得面向地址的数据传递成为可能,信息帧开始发送,即系统中开始发送数据,唤醒过程结束,如图5-14所示。

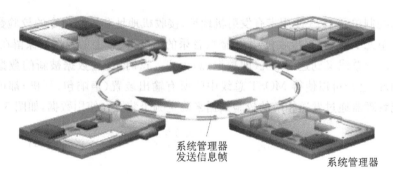

图5-14 MOST信息帧的传输

诊断管理器将报告上来的控制单元(实际配置)与一个所安装的控制单元存储表(规定配置)进行比较。如果实际配置与规定配置不相符,诊断管理器存储相应的故障。至此,整个唤醒过程结束,可以开始数据传送了。

5.3.3 汽车车载MOST总线同步数据的传送

在MOST系统中,实时传送音频信号、视频信号等流动型数据,它们是以同步数据的形式传送的。下面以奥迪A8车上播放音乐CD为例来说明同步数据的传送,如图5-15所示。

用户通过多媒体操纵单元E380和信息显示屏J685来选择CD上的曲目,操纵单元E380通过一根数据线将控制信号传送至前部信息控制单元J523的控制单元(系统管理器)中。然后,系统管理器在连续不断传送的信息帧内加入发射机地址、接收机地址、控制命令等信息,如图 5-15 所示。从前部信息控制单元 J523 的控制单元(系统管理器)加入了到达 CD 机和到达数字式音响包控制单元 J525 的信息帧,经过 CD 机以后又加入了带有 CD 机校验数据的信息帧,经过 J525 以后又加入了带有 J525 校验数据的数据帧。

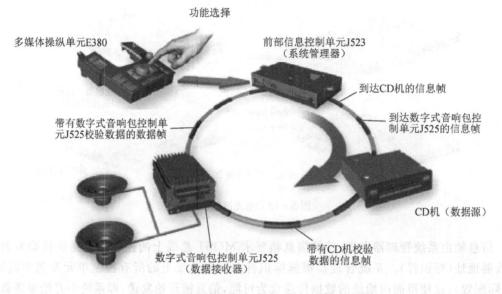

图 5-15 同步数据形式传送音频与视频信号

前部信息控制单元 J523 使用带有发射机地址、接收机地址和控制命令的校验数据的数据组向数字式控制单元 J525(数据接收机)发出播放音乐的指令。CD 上的数据被保留在数据区内,直到信息帧通过环形总线又到达 CD 机(即数据源)为止。这时,这些数据被新的数据替代并且重新开始新的循环,这样可以使得 MOST 总线中的所有输出装置(声响包、耳机)都可使用同步数据,另外,系统管理器通过发送相应的校验数据来确定哪个装置在使用数据,如图 5-16 所示。

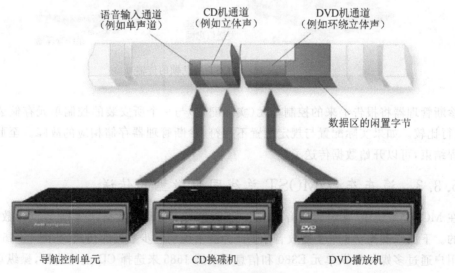

图 5-16 同步传送的数据管理

音频与视频传送需要每个数据区中的几个字节。数据源会根据信号类型预定一些字节，这些已被预定的字节就称为通道，一个通道包含一个字节的数据。数据传输通道的数量如表 5-1 所示。

表 5-1 数据传输通道的数量

信号	通道/字节	信号	通道/字节	信号	通道/字节
单声道	2	立体声	4	环绕立体声	12

5.3.4 汽车车载 MOST 总线异步数据形式的传送

在 MOST 系统中，导航地图的显示、导航计算、互联网站点、电子邮件等图片、文本信息等数据，它们都是以异步数据的形式传送的。异步数据源是以不规则的时间间隔来发送这些数据的。因此每个数据源将其异步数据存储到缓冲寄存器内，然后数据源开始等待，直至接收到带有接收机地址的信息组。

数据源将数据记录到该信息组数据区的空闲字节内，记录是以每 4 个字节为一个数据包的形式进行的。接收机读取数据区中的数据包并处理这些信息。异步数据停留在数据区，直到信息组又到达数据源。数据源从数据区提取数据，在合适的时候用新数据取代这些数据。异步数据的传输过程如图 5-17 所示。

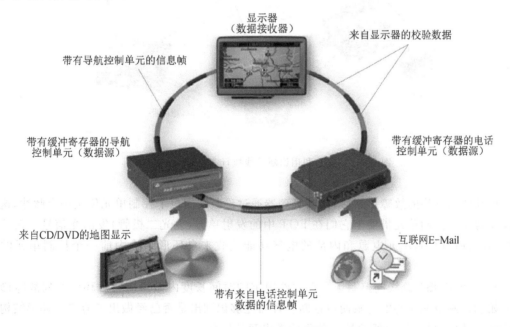

图 5-17 异步数据的传输

5.4 汽车车载 MOST 总线检测

除了系统管理主机外，MOST 总线也具备一个故障诊断主机（即诊断管理器），用来进行环形结构的故障诊断以及将控制单元的诊断数据发送至诊断单元。一般情况下,这个诊断管理器就是车载网络系统的数据总线诊断接口(比如奥迪 A6 汽车一般都是 J533)。

5.4.1 汽车车载 MOST 总线环形网络中断的检测

基于环形网络的环形结构特点,若环形网络中断,则网络系统将发生数据无法正常传输的故障现象。光导纤维出现断裂、发送器和接收器的控制单元供电故障以及发送器和接收器的控制单元出现单元故障都将引起环形网络中断。环形结构中断,系统将不能播放音频与视频,不能用多媒体操作单元进行控制和调整,同时诊断管理器的故障存储器中存储故障信息。

大众奥迪 MOST 系统在开发时就在每个控制单元上安装了 1 根并联的诊断线,诊断时通过中央接线连接装置将诊断导线连接至 MOST 总线中的每一个控制单元,通过这根导线进行系统的自诊断,如图 5-18 所示。诊断首先要求网关工作正常且各控制单元电源电压正常。

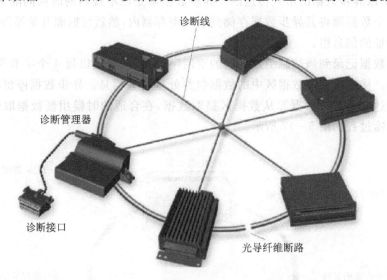

图 5-18 奥迪利用诊断导线执行 MOST 的故障诊断

启动环形结构的故障诊断后,诊断管理器通过诊断线向每个控制单元传送一个脉冲,这个脉冲使得所有控制单元借助于它们在 FOT 中的发射单元(发光二极管)发出光信号。在此过程中,检查所有控制单元电源和内部的电气功能接收来自环形结构中前一个控制单元的光信号。

每一个 MOST 总线的控制单元在软件规定的时间长度内做出应答。环状结构故障诊断的开始和控制单元应答的时限使得诊断管理器能够识别出是否已经做出了应答。环形结构故障诊断启动后,MOST 总线的控制单元传送出两条信息:

①控制单元的电气系统正常,即:控制单元的电气功能正常(例如:电源正常)。

②控制单元的光导系统正常,它的光敏二极管接收到环形结构中前一个控制单元的光信号。

诊断管理器通过这些信息可以了解系统中是否存在电气故障(电源故障)以及哪一些控制单元之间的光学数据传送中断了。

若需要进一步检测,先检查供电、搭铁,再检查光纤插头是否正常,最后检查控制单元是否正常。控制单元的故障检查:利用光学备用控制单元 VAS6186 替换出现故障的控制单元,再检查 MOST 总线是否恢复正常,若系统正常,则说明控制单元存在故障。

下面分别以奥迪 A6 和宝马 530i 汽车为例,说明利用诊断仪进行光纤检测的步骤。

1. 奥迪 A6 环形网络中断的检测

在检查时,维修人员连接诊断仪,选择引导功能进入 J533,选择"回路中断诊断测试",根据提示选择相应的配置。J533 的"回路中断诊断"功能通过此诊断线向 MOST 系统中的各控制单元发送信号,要求各控制单元检查自身的功能供电和搭铁,并在光纤上发送光信号,同时通过光纤接收上一个控制单元发出的光信号。检查完毕后,各控制单元通过诊断线向主控单元 J533 反馈一个信号(包括控制单元自身的功能、供电和搭铁是否正常,是否发送了光信号,是否接收到上一个控制单元发出的光信号)。J533 根据这些信号会判断出是哪个控制单元出现电气故障或是光学故障。J533 先诊断电气故障然后再诊断光学故障,电气正常(控制单元的供电和搭铁正常)是判断光学故障的基础。

当 J533 诊断出某控制单元光学故障时,系统只能判断出这个控制单元没有检测到光信号,无法判断出是自身接收信号的问题,还是上一个控制单元发出的信号问题,或是这 2 个控制单元之间的光纤存在故障。如果需要进一步确定故障的原因,可以采用短接法,即不经过报出故障码的控制单元而让光纤直接形成回路。这样可以快速确定是否该控制单元自身有问题。此种方法必须在形成的最小光纤回路上有 2 个控制单元:数据总线诊断控制单元(J533)和信息系统控制单元(J794)。

2. 宝马 530i 环形网络中断的检测

宝马 530i 的 MOST 数据总线如图 5-19 所示,可以看出,在 MOST 环形总线上有 2 个控制单元连接到 K-CAN 上,若 MOST 总线出现故障,诊断仪可以通过这两个控制单元读取出故障信息,从而进行故障排除。在检查时,维修人员连接 GT-1 诊断仪,执行 GT-1 诊断仪辅助"检测计划功能",进行 MOST 环形结构断裂诊断。如果 MOST 环形结构发生损坏,则只能通过诊断组合仪表和控制显示进行通信。这是因这两个控制模块直接连接在 K-CAN 系统总线上,当 MOST 系统处于环形结构断裂自诊断模式时,系统中的所有模块会同时向环形结构中它后面的模块发送光信号,每个模块都检查它的输入端上是否接收到光信号,在输入端上识别不到光信号的模块将在其存储器中存储节点位置 0,此模块之后的第 1 个模块,会相应存储节点位置 1,再之后的模块会相应存储节点位置 2,依次类推。若配置有多媒体转换器或导航模块,该模块存储节点位置则相应跳数 2 个。由上述原理可知,环形结构断裂区域应位于存储节点位置 0 的模块和它前面的模块之间。那么要确定环形结构断裂区域,则必须先要确定存储节点位置 0 的模块。而要确定存储节点位置 0 的模块,还需视该车 MOST 系统中模块的实际配置情况而定。

车辆 MOST 系统的实际配置情况,可以通过查看 CT-1 诊断仪对全车模块扫描的显示。宝马 530i MOST 系统的模块配置显示有:控制显示器、CD 光盘转换匣、天线转换器、高保真功率放大器、语音处理器、导航模块、电话模块、音频控制器、组合仪表。根据 MOST 系统线路图中所有模块的连接布局,结合 GT-1 诊断仪中 MOST 系统的模块配置显示,则该车 MOST 系统的实际配置框架应如图 5-19 所示。

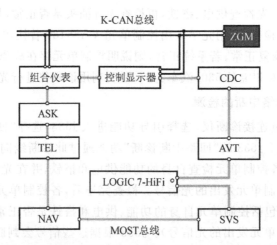

NAV—导航模块；TEL—电话模块；ASK—音频控制器；ZGM—中央网关；CDC—CD光盘转换匣；
AVT—天线转换器；LOGIC 7-HiFi—高保真功率放大器；SVS—语音处理器。

图 5-19 宝马 530i MOST 系统框架图

根据 CT-1 诊断仪"检测计划功能"的步骤提示，将蓄电池接线断开 90 s 之后再接回。此时 MOST 系统开始进行环形结构断裂的自诊断模式。等待大约 90 s 后，诊断仪将显示诊断结果。比如显示结果为"控制显示器存储的节点位置确定为 5"。根据环形结构断裂诊断原理，该诊断结果的意思是指控制显示器是位于环形结构断裂（断路）区域之后的位置。根据上述 MOST 系统的配置框架，再结合控制显示器存储的节点位置为 5，按照环形结构断裂诊断原理则可推算得出：组合仪表存储的节点位置应为 4，音频控制器 ASK 存储的节点位置应为 3，电话模块 TEL 存储的节点位置应为 2，导航模块 NAV 存储的节点位置应为 0。若按此推算的结果，那么环形结构断裂区域则应位于导航模块与它之前的语音处理器之间。为了进一步核实上述推算结果，应对安装在行李箱左后方的导航模块、语音处理器及它们之间的连接元件进行检查。

进行 MOST 系统中环形光纤结构的光纤传输检测，用 MOST 光纤接头一个一个地跨接系统中的控制单元，同时去操作控制器和主菜单试用各个功能。如果当跨接到某个控制单元时，各项功能都恢复正常，重新连接诊断仪，措施报告也没有显示无应答的控制单元，由此则可以判定，故障就是跨接控制单元故障所引起的。

5.4.2 汽车车载 MOST 总线衰减增加时环形结构的检测

诊断管理器的执行元件诊断功能除了进行环形网络中断诊断以外还有一项功能，就是通过降低光功率来进行环形中断诊断，用于识别增大的信号衰减。通过降低光功率来进行环形中断诊断，诊断的过程与上面描述的基本相同，如图 5-20 所示。但有一点是不同的：即控制单元接通光导发射器(FOT)内的发光二极管时有 3 dB 的衰减，也就是说光功率降低了一半。如果光导纤维(LWL)信号衰减增大，那么到达接收器的光信号就会非常弱，接收器会报告"光学故障"。于是诊断管理器就可识别出故障点，并且在用检测仪查寻故障时会给出相应的帮助信息。

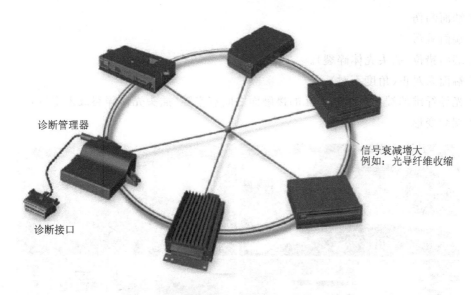

图 5-20 衰减增加时环状结构的故障诊断

5.4.3 MOST 总线的维修

1. 光纤破损检测

光纤是否能正常传递光线,最好的检测办法是将拆下的光纤一端用光纤检测仪输入一个较弱的光线,若光纤有损坏,则在另一侧接收端的接收仪器接收不到光线;若弱光线能被接收到,则车上控制单元发出的正常光线一定也能接收到。利用这个原理,就可以对破损的光纤进行检测了。

2. 维修注意事项

MOST 总线的维修注意事项如下:

① 光纤保护帽只有在安装时才能直接被卸下。

② 开口的光纤插头不允许触摸,不能被灰尘、油腻或其他液体弄脏。

③ 线束只能按说明图安装和连接,未装的长线束应打上活结。

④ 线束不能从外部的破口处硬拉硬拽,只能从内向外推出。

⑤ 插头和缆线不允许在地上拖拉、不能踩在插头或导线上,线束任一位置不允许折叠。

⑥ 只有在确有必要的情况下才能断开控制单元插头和导线插头,在断开控制单元插头和导线插头前,应确保数据总线处于休眠模式。在重新连接时一定要读出并删除所有控制单元故障存储器里的故障,如有必要进行调整。

3. 光纤导线的常见故障

光纤导线的常见故障如图 5-21 所示,具体如下:

① 光导纤维的曲率半径过小。如果光导纤维弯曲(折叠)的半径小于 25 mm,那么在纤芯的拐点处就会产生模糊(不透明,与折叠的有机玻璃相似),这时必须更换纤维。

② 光导纤维的包层损坏。

③ 端面刮伤。
④ 端面脏污。
⑤ 端面错位（插头壳体碎裂）。
⑥ 端面未对正（角度不对）。
⑦ 光导纤维的端面与控制单元的接触面之间有空隙（插头壳体碎裂或未定位）。
⑧ 端套变形。

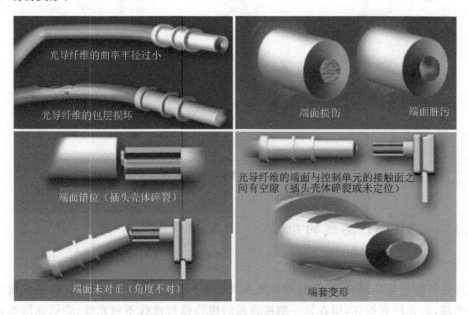

图 5-21 MOST 总线导线损伤

任务实施

任务 1 MOST 总线的诊断仪检测

将诊断仪接到诊断接口上,通过查看故障码和测量数据块,来检测测试车辆 MOST 总线控制部件的工作状态。根据自己的测试结果填写表 5-2(如果没有故障可以预先设一个故障)。

表 5-2 MOST 总线的诊断仪检测

测试人		测试时间	
测量车型			
使用工具设备			
操作方法步骤			
测量故障码			
测量数据流			
根据测量结果分析故障原因:			

任务 2 环形网络中断的检测

利用诊断仪进行环形网络中断的检测,并填写表 5-3。

表 5-3 环形网络中断的检测

测试人		测试时间		
测量车型				实操二维码
使用工具设备				
诊断步骤及诊断结果				
测量结果分析				

知识测评

1. MOST 总线一个控制单元总是拥有（　　）根光纤。
   A. 1　　　　　　　B. 2　　　　　　　C. 3　　　　　　　D. 4
2. 汽车 MOST 技术是指（　　）。
   A. 无源光学星形网络　　　　　　　B. 多媒体定向系统传送
   C. 线控技术　　　　　　　　　　　D. 多路传送系统
3. 光纤可以传输光信号，利用（　　）转换原理可以很容易地实现电信号与光信号之间的转换。
   A. 声电　　　　　　B. 光电　　　　　　C. 光线
4. MOST 常用的光缆有（　　）。
   A. 塑料光缆　　　　B. 玻璃纤维　　　　C. 以上都是
5. 在汽车 MOST 总线中常用的光缆是（　　）。
   A. 塑料光缆　　　　B. 玻璃纤维　　　　C. 以上都是
6. MOST 总线在每个控制单元有 1 个光纤导体(FOT 发射单元)，它是由（　　）组成的。
   A. 1 个光电二极管　B. 1 个发光二极管　C. 以上都是
7. 在 MOST 网络系统中，各个模块之间的连接方式是（　　）的。
   A. 并联　　　　　　B. 串联　　　　　　C. 混联　　　　　　D. 不一定
8. MOST 总线到达的光波信号由光电二极管转化为（　　）信号，并继续传输给传输接收机。
   A. 电压　　　　　　B. 电流
9. MOST 总线光导纤维的曲率半径不可小于（　　）mm。
   A. 20　　　　　　　B. 25　　　　　　　C. 30　　　　　　　D. 35
10. MOST 总线最多可以支持（　　）个节点。
    A. 16　　　　　　　B. 32　　　　　　　C. 64　　　　　　　D. 110
11. 目前有些车辆的 MOST 总线传输速度已经达到（　　）Mbit/s。
    A. 5　　　　　　　B. 10　　　　　　　C. 24.8　　　　　　D. 150
12. MOST 总线系统管理器以（　　）kHz 脉冲频率向环状总线上的下一个控制单元发送信息帧(Frames)。
    A. 20　　　　　　　B. 44.1　　　　　　C. 36.5　　　　　　D. 110
13. 为了满足数据传输的各种不同要求，每一个 MOST 数据总线信息由（　　）组成。
    A. 同步数据　　　　B. 异步数据　　　　C. 控制数据　　　　D. 以上都是
14. 奥迪 MOST 系统在开发时就在每个控制单元上安装了 1 根并联的（　　），通过它进行系统的自诊断。
    A. Lin 线　　　　　B. 屏蔽线　　　　　C. 诊断线
15. 光纤出现故障时，所用诊断仪器为（　　）。
    A. 光学诊断仪　　　B. 万用表
16. 在 MOST 网络系统中，一个模块损坏（　　）其他模块的正常工作。
    A. 影响　　　　　　B. 不影响
17. MOST 采用塑料光缆作为传输介质，将（　　）等设备相互连接起来，给用户带来了极大的便利,主要用于信息娱乐系统的数据传输。
    A. 音响装置   B. 电视   C. 全球定位系统   D. 以上都是
18. MOST 总线在汽车上采用(　　)拓扑结构,各控制单元之间通过一个环形数据总线连接。
    A. 环形网络   B. 星形   C. 线形
19. MOST 总线光导纤维必须在(　　)℃范围内,才可以可靠运行。
    A. 0~20   B. -40~85   C. 20~40
20. MOST 总线在休眠状态下,该网络环形系统上的工作电流(　　)。
    A. 最大   B. 最小

参考答案

项目一　BDADA　AABAB　DCBBD　BCAAD　ADBAB　BACAB　AACBD　CCBBB
项目二　DCBBB　ABBBA　AACAD　BBBBA　BDCAA　ABBCA　AABBC　BBABB
项目三　BACDA　CADCA　BACAD　BBAAB　ADBAC
项目四　CCBDA　BBAAB　BABBA　DACBC
项目五　BBBCA　CBABC　DBDCA　ADABB

参考文献

[1] 庄彦霞,汪东明. 汽车总线系统检修[M]. 山东:中国石油大学出版社,2019.
[2] 李雷,刘蒙恩. 汽车车载网络系统检修[M]. 2版. 北京:人民邮电出版社,2018.
[3] 钱强. 汽车网络结构与检修[M]. 北京:清华大学出版社,2015.
[4] 凌永成. 车载网络技术[M]. 北京:机械工业出版社,2013.
[5] 刘春晖,刘宝君. 汽车车载网络技术详解[M]. 北京:机械工业出版社,2015.
[6] 廖向阳. 车载网络系统检修[M]. 3版. 北京:人民交通出版社,2014.
[7] 黄建文. 汽车车载网络系统检修一体化项目教程[M]. 上海:上海交通大学出版社,2012.
[8] 大众汽车自学手册. SSP186 CAN总线.
[9] 大众汽车自学手册. SSP238 CAN总线上的数据交换Ⅰ.
[10] 大众汽车自学手册. SSP269 CAN总线上的数据交换Ⅱ.
[11] 大众汽车自学手册. SSP286 新的数据总线系统.